Inscrivez-vous à la newsletter

l'esprit d'ouverture

Découvrez les livres de la collection L'Esprit d'ouverture, des ouvrages positifs qui invitent à penser autrement son existence. De l'apprentissage du bonheur à l'art d'être bon, de la petite musique du haïku au génie de l'intuition, de la sagesse de Confucius à un réjouissant voyage au cœur de la philosophie, des neurosciences à la psychologie en passant par la spiritualité et la poésie, une bibliothèque d'idées à la croisée des disciplines et ouverte sur le monde entier, qui offre des livres pour changer.

Recevez des informations en avant-première sur les nouvelles parutions et l'actualité autour des livres.
Découvrez les coups de cœur du directeur de collection, Fabrice Midal.

Participez aux jeux-concours et autres surprises exclusives.

Pour vous inscrire, connectez-vous sur : www.espritdouverture.fr rubrique newsletter.

VIVRE SANS PEUR

Sept principes pour oser être soi

DU MÊME AUTEUR

Pourquoi les hommes s'en vont, Éditions de l'Homme, 2001
Le Zen et l'art de tomber amoureux, La Table ronde, 2004 ; Pocket, 2006
365 façons de dire merci. Une pensée pour chaque jour de l'année, ADA, 2009

Vous pouvez consulter le site de l'auteur à l'adresse suivante :
www.becomefearless.org

BRENDA SHOSHANNA

VIVRE SANS PEUR

Sept principes pour oser être soi

Traduit de l'américain
par Michèle Garène

belfond
12, avenue d'Italie
75013 Paris

Titre original :
FEARLESS
The 7 Principles of Peace of Mind
publié par Sterling Publishing Co., Inc., New York

Si vous souhaitez recevoir notre catalogue
et être tenu au courant de nos publications,
vous pouvez consulter notre site Internet :
www.belfond.fr
ou envoyez vos nom et adresse
aux Éditions Belfond,
12, avenue d'Italie, 75013 Paris.
Et, pour le Canada,
à Interforum Canada Inc.,
1055, bd René-Lévesque-Est,
Bureau 1100,
Montréal, Québec, H2L 4S5.

ISBN 978-2-7144-4633-6

Ce livre est dédié à Noah Lukeman,
mon merveilleux agent, qui n'a cessé
de me prodiguer ses encouragements.

Préface

Celui qui n'est pas dupe
de la peur sera toujours en sécurité.

Tao-tö-king

Nous vivons tous dans la peur. Comment pourrait-il en être autrement ? Le monde semble plus que jamais incertain. Les catastrophes naturelles, la crise, le chômage, les guerres…, tout concourt à nous faire douter de notre avenir.

L'idéogramme chinois représentant la crise a une double signification : il est à la fois la crise et une porte ouverte sur un nouveau possible. En d'autres termes, la crise bouleverse notre univers, mais elle nous offre aussi une occasion de nous régénérer, de nous redécouvrir, d'atteindre la plénitude. Elle nous oblige à faire le point : « Sur quoi puis-je réellement compter ? Où réside ma véritable sécurité ? Comment m'y prendre pour faire table rase ? De quoi ai-je vraiment besoin pour mener une vie épanouie ? » Ces questions sont primordiales : elles sont les ingrédients d'une vie pleine de sens.

Il est donc de la plus grande importance que nous démontions les mécanismes de la peur afin d'acquérir les moyens de la vaincre. Dans ce livre, nous découvrirons aussi son antidote, à savoir la nature et le pouvoir de l'amour qui nous ouvre la voie de la sérénité. Vous verrez que la pratique de l'amour terrasse la peur.

En associant les enseignements de l'Orient et de l'Occident, cet ouvrage vous offre des conseils psychologiques, spirituels et pratiques qui vous permettront de puiser dans vos immenses ressources intérieures et de relever toutes sortes de défis. Vous saurez bientôt faire sauter le verrou de votre coffre aux trésors et vivre grâce à votre force, votre courage et votre bonne volonté.

Vous trouverez également, dans les chapitres suivants et dans l'atelier, des exercices qui sont le fruit d'années d'études, d'essais et de recherches. Ils sont uniques, simples, agréables et efficaces. En les pratiquant régulièrement, vous vaincrez la peur, vous retrouverez votre liberté, votre sagesse, votre créativité et votre courage. Vous récupérerez ce qui vous appartenait initialement : un sentiment inné de sécurité, de bien-être et de confiance en soi, en autrui et en la vie elle-même.

Embarquez-vous pour ce voyage avec confiance, curiosité. Vous apprendrez que la lumière et l'amour chassent les ténèbres de la peur. La voie de la sérénité est à votre portée. Dès lors, tout est possible. Chaque jour devient une aventure passionnante. Le monde se transforme.

PREMIÈRE PARTIE

Sept principes pour oser être soi

Introduction

Affronter la peur

Un jour, un tremblement de terre ébranla un temple zen. Le bâtiment commença à s'écrouler. Terrifiés, les moines croyaient leur dernière heure arrivée quand le maître zen les conduisit tous posément jusqu'à la cuisine, la partie la plus solide de l'édifice.

Le calme revenu, le maître leur dit : « Il vient de vous être donné l'occasion de voir comment un homme zen se comporte en cas de crise. Je n'ai pas paniqué. J'étais conscient de ce qui se passait et je savais quoi faire. Vous emmener dans la cuisine était une bonne décision puisque nous sommes tous indemnes. Toutefois, malgré mon sang-froid, j'étais un peu tendu, ce que vous avez peut-être remarqué en me voyant boire un grand verre d'eau, chose que je ne fais jamais. »

L'un des moines sourit sans rien dire.

« Pourquoi souriez-vous ?

— Ce n'était pas de l'eau, mais de la sauce au soja. »

Un tremblement de terre est forcément terrifiant. Qui n'a pas peur dans ces circonstances ? La peur dérègle notre esprit et notre corps : notre rythme cardiaque s'accélère, nous transpirons à grosses gouttes, nous avons des sueurs froides, nous suffoquons… Il arrive aussi que nous nous comportions soudain de manière bizarre sans même en avoir conscience.

La morsure de la peur ressemble à celle du serpent : le venin s'étend en vous, paralyse vos sens et bloque votre faculté de raisonner. Par conséquent, reconnaître la peur et s'en libérer est un exercice à pratiquer quotidiennement. Plus vous le pratiquerez, plus il deviendra facile et moins vous vous sentirez menacé. Une fois votre peur vaincue, vous vous rendrez compte que vous avez de nouveau les idées claires et que vous savez spontanément quelle conduite adopter. Cela vous permettra d'éviter bien des catastrophes. Face à une situation effrayante, vous serez en mesure d'en réduire les conséquences néfastes et de vous calmer en sachant comment vaincre la peur au lieu d'agir sous son emprise. En revanche, si vous la laissez vous envahir, vous risquez fort de donner des proportions démesurées à un événement bénin, voire de vous attirer des ennuis. Afin de vaincre ce fléau, il est essentiel de se familiariser avec ses nombreux déguisements, ses effets et son art d'avancer masqué et de s'infiltrer dans tous les aspects de notre vie.

Les nombreux visages de la peur

La peur est un escroc qui se manifeste de toutes sortes de façons : obsession, trouble, perte de la maîtrise de soi, ou dysfonctionnements divers. Elle peut être déclenchée par n'importe quoi – des idées, des croyances, des souvenirs, des goûts, des odeurs, voire des pensées inconscientes. Les exemples abondent. Vous croisez quelqu'un qui vous rappelle un être qui s'est montré cruel avec vous pendant votre enfance. Vous arrivez en pleine forme à une réunion quand le trac des autres participants vous gagne, votre bonne humeur s'évanouit, et vous sombrez dans le pessimisme, la nervosité et le cafard.

On vous menace, consciemment ou inconsciemment. Vous sentez que quelqu'un vous perçoit négativement et vous réagissez devant son apparente antipathie par de la peur. Vous recevez des nouvelles alarmantes : votre emploi est menacé, un proche est malade ou votre partenaire est infidèle… Ces messages sinistres, auxquels vous accordez du crédit, peuvent déclencher une crise d'angoisse.

Le message est sinistre parce qu'il génère de la peur.

Comprenez que si vous ne croyez ni le message, ni le messager, la peur ne se manifestera pas. Ce n'est pas ce qu'on vous apprend, mais votre façon d'y réagir – la peur que vous ressentez – qui vous paralyse.

Certains nous délivrent des messages négatifs dans le seul but de nous contrôler, de nous manipuler – et nous leur facilitons la tâche en perdant tous nos moyens. Ces marchands de peur agissent parfois consciemment, parfois non. Quel que soit le cas de figure, ne vous découragez pas : il est possible de vaincre la peur et de retrouver sa sérénité.

Arrêtez-vous : chaque fois qu'un message suscite de la peur, rejetez-le immédiatement. Même si vous pensez qu'il a des chances d'être vrai, rejetez-le parce que la peur vous prive de votre discernement. Attendez de l'avoir vaincue pour décider s'il est vrai. Si vous rejetez le message, la peur va battre en retraite et vous retrouverez votre lucidité. Vous aurez ensuite tout le loisir d'établir si le message est vrai. (La plupart du temps, ce n'est pas le cas.)

La peur se nourrit de votre foi en elle. Elle a besoin que vous croyiez les histoires, les idées, les attentes catastrophiques, les hallucinations et les suggestions hypnotiques qu'elle vous fait avaler. Elle a besoin que vous pensiez que tout ce qu'elle dit est vrai, dangereux et mortel. Une fois qu'elle trouve en vous un converti, elle fait ce qu'elle veut de votre esprit et de votre cœur, et vous paralyse.

AU LIEU DE CROIRE AU POUVOIR DE LA PEUR,
POURQUOI NE PAS CROIRE AU POUVOIR DE LA VÉRITÉ ?

Avant de voir la vérité d'une situation et de retrouver votre liberté intérieure ainsi que tous vos moyens, il faut que vous regardiez la peur en face. Il faut que vous soyez prêt à prendre du recul et à faire sa connaissance. En procédant ainsi, vous finirez par comprendre comment elle surgit, opère, ce qui l'alimente, sous quel déguisement elle se présente, s'installe et vous pourrit la vie. Ce faisant, vous réussirez à percer certaines vérités à son propos.

La peur est un tyran

On ne le répétera jamais assez. C'est le nouveau mantra que vous devez adopter et intégrer. Plus vous attribuerez de pouvoir, de force et de réalité à la peur, plus elle prendra le contrôle de votre vie. Plus vous chercherez à la fuir, plus elle vous poursuivra. Elle fond sur ceux qui lui permettent d'exister et qui s'emploient à l'éviter. Quelle que soit la forme que prend votre fuite – l'alcool, la drogue ou toute autre forme de dépendance –, elle vous rattrapera toujours. Même si vous êtes conditionné pour tourner le dos à ce que vous pensez être dangereux, vous n'êtes pas une marionnette aux mains de votre conditionnement – vous pouvez y mettre le holà.

Ralph passait son temps à travailler. Il était incapable de s'arrêter. Il rapportait des dossiers chez lui le soir, le week-end, et il était toujours le premier à arriver au bureau le lundi matin. En s'absorbant ainsi dans son travail, il avait trouvé une bonne excuse pour rester seul, éviter de s'engager dans une relation durable, s'interdire tous les plaisirs auxquels il aspirait dans son for intérieur.

Arrêtez-vous un instant et voyez la peur comme un tyran. Cessez de courir, retournez-vous et affrontez-la. Rien de plus. Un tyran puise sa force dans votre fuite et votre angoisse. Rien qu'en cessant de fuir, vous lui coupez l'herbe sous le pied. Pourquoi est-il si difficile de rester immobile ?

Henry Miller a dit : « Le seul vrai miracle, c'est de rester immobile. » La peur vous rend nerveux, elle crée l'illusion que si vous continuez d'avancer, si vous veillez à rester occupé, vous vous sentirez mieux. Sachez que tous les actes alimentés par la peur sont généralement destructeurs et inutiles. Cesser de fuir, tenir bon et ouvrir les yeux n'a rien de simple, mais vous verrez, dès qu'on s'y emploie, les choses peuvent changer très vite.

Venu de Chine, le maître Kokushi Bukko introduisit le zen au Japon pendant les invasions mongoles. Un de ses disciples, le seigneur Tokimune, lui dit : « Maître, la peur est ma pire ennemie. Comment puis-je m'en libérer ?

— Coupe-la à sa source.

— D'où vient-elle ?
— Elle vient de Tokimune lui-même.
— C'est la peur que je hais le plus, comment puis-je en être la source ?
— Découvre-le. »

Immobilisez-vous et regardez d'où jaillit la peur. Visualisez-vous refusant de la fuir. Faites-lui savoir que vous refusez de fuir. Que lui arrive-t-il ?

Prendre du recul, se retourner et regarder le tyran en face suffit pour qu'il cède à la nervosité et batte en retraite. Il sait qu'on l'a percé à jour, qu'on a compris qu'il n'est qu'une mauviette irréelle. En faisant cet exercice, non seulement vous apprenez à reprendre votre existence en main, mais vous commencez à redécouvrir qui vous êtes et à vivre en accord avec votre être profond.

Détourne-toi toujours de l'aliment empoisonné.

Proverbe Lojong tibétain

Nous sommes souvent les victimes inconscientes de la peur, nous vivons sans le savoir sous son emprise, nous nous interdisons d'imaginer une vie meilleure. Pourtant, nous possédons tous la fabuleuse capacité d'être libres, courageux, forts, créatifs, heureux, aimants – de vivre nos rêves et de les partager avec les autres, de trouver la plénitude. Si nous ne sommes pas comblés, c'est parce que la peur se repaît de notre souffrance.

Elle veut nous faire croire que si nous nous cramponnons à notre souffrance, nous sommes protégés, à l'abri. Plus vous prendrez conscience de ses manipulations, plus vous verrez comment elle s'immisce dans votre vie et plus il vous sera facile de la laisser partir.

La peur nous fige

Sheila avait de merveilleux projets pour sa vie future. Chez elle, elle visualisait son bel avenir. Elle dressait des listes, tirait des plans, imaginait à quel point elle serait heureuse le jour où tout se réaliserait. Lorsqu'on lui demandait pourquoi elle ne passait pas à l'acte, elle répondait toujours que ce n'était pas le bon moment. Elle n'était pas prête, la configuration astrale n'était pas favorable, elle saurait quand le moment viendrait.

Sheila ne comprenait pas que chaque moment est le bon. Il n'y a pas meilleur moment que le présent pour s'y mettre. La peur nous met des bâtons dans les roues en nous disant que nous pouvons remettre au lendemain, que nous avons tout le temps du monde. Faux. Qui nous dit que nous serons encore là demain ? C'est ici et maintenant qu'il faut agir. Le présent est un grand remède contre la peur.

Ce moment – maintenant – est la seule chose à laquelle vous ne pouvez jamais échapper, la constante de votre vie. Quoi qu'il arrive, quels que soient les changements que subit votre vie, une chose est sûre ; c'est toujours maintenant. Comme il n'y a pas moyen d'échapper au maintenant, pourquoi ne pas l'accueillir à bras ouverts ?

Eckhart Tolle

Agissez maintenant. Il existe toujours une petite action que vous pouvez entreprendre, si minime soit-elle, qui

vous permettra d'apprendre et d'acquérir davantage d'assurance. Trouvez un acte à votre portée et foncez. Cherchez ce qu'il est nécessaire de faire dans l'instant, franchissez une minuscule étape qui vous rapprochera d'un plus grand objectif. Quand vous agissez maintenant, la peur n'a ni le temps ni l'espace de croître. La peur croît dans des espaces vides, pendant que vous attendez, que vous imaginez, espérez, tirez des plans.

La peur est une menteuse

La peur est un as de la tromperie. Quand vous gobez ses mensonges, elle vous prive de votre temps, de votre espoir et de votre force vitale. En échange du faux sentiment de bien-être qu'elle offre, vous abandonnez votre droit. Rappelez-vous Ésaü. Héritier de son père, il devait perpétuer les traditions sacrées de sa famille. Il préféra à cela une existence insouciante de chasseur et d'homme des champs. Un jour, il rentra d'une partie de chasse épuisé. Son frère jumeau, Jacob, sentant qu'il n'avait pas l'étoffe d'un héritier, lui proposa de lui acheter son droit d'aînesse contre un bol de lentilles. N'écoutant que sa faim, Ésaü accepta bien volontiers.

Ésaü vendit son droit d'aînesse pour un bol de lentilles ; vous vendez le vôtre pour bien moins que ça. La peur vous prive de votre véritable sécurité, de votre bonne volonté, de votre bonheur, et de votre aptitude naturelle à prospérer, vaincre les difficultés et connaître l'épanouissement. Quand vous écoutez ses mensonges, que vous obéissez à ses encouragements et à ses avertissements, elle vous mène en bateau, vous aiguille dans la mauvaise direction, vous vole votre temps, votre énergie et votre bon sens. Pourquoi permettre une chose pareille ? Ésaü mourait d'envie de dévorer ce plat de lentilles ; il ne supportait pas d'être affamé. Vous aussi vous mourez d'envie de vous sentir en sécurité et bien dans votre peau. Toutefois, tant que vous êtes installé dans la peur, il vous est impossible de comprendre ce qui est vraiment sûr et bon. Mais il y a un secret derrière tout cela.

LA VÉRITÉ BALAIE LA PEUR.

Un peu de lumière chasse bien des ténèbres. Un simple moment de vérité commence à relâcher l'emprise de la peur. La douleur, les dégâts et la maladie qu'elle crée paraissent très réels, mais on peut aisément les dissiper. Dès que vous voyez la vérité de la chose, la peur perd son pouvoir de vous nuire. Dès que vous vous tenez dans la vérité, que vous vous y accrochez inexorablement, le pouvoir salutaire de l'amour apparaît. C'est un fait. C'est la loi incontestable de l'esprit et du cœur.

Pensez à un mensonge de la peur que vous avez cru et auquel vous vous êtes accroché. Prenez conscience que c'était un mensonge. Une fois que vous comprenez qu'il s'agit d'un mensonge, qu'arrive-t-il à la peur ?
À présent, songez à un autre mensonge. Procédez de la même manière.

La peur n'a pas de sens

Shana avait une peur viscérale de voyager. Elle ne cessait d'imaginer les pires catastrophes. Selon elle, c'étaient des avertissements. Il valait mieux qu'elle ne bouge pas de chez elle. Elle se mit à annuler tous ses déplacements. Et pendant qu'elle restait enfermée entre ses quatre murs, les avions et les trains arrivaient à bon port. Pourtant, les films terrifiants qu'elle se passait en boucle n'avaient aucun sens. Ce n'étaient que des illusions.

Un excellent antidote à la peur est de prendre conscience qu'elle n'a pas de sens. Elle ne veut pas dire que vous allez être blessé, que vous avez commis une erreur ou encore que vous n'êtes pas sur la bonne voie. C'est un fantôme qui vous menace d'un sabre. Elle vous avertit de choses qui ne se produisent pas, éveille des attentes catastrophiques, quand elle ne dissimule pas un danger réel. En fait, elle n'est qu'une sensation qui s'appuie sur de vieilles pensées, idées, croyances et attentes qu'on n'a cessé de vous inculquer. Vous êtes conditionné pour y succomber. Si danger réel il y a, vous aurez plus de chances de le repérer, de distinguer la fausse menace de la vraie, une fois que vous aurez laissé de côté la sensation de peur.

La peur n'est qu'une sensation

Andrew, séduisant jeune homme d'une vingtaine d'années, cessa de sortir avec des jeunes femmes parce qu'il détestait la peur qui l'envahissait quand les choses tournaient mal. Dès que sa petite amie montrait des signes d'ennui ou d'impatience, il était sûr qu'elle allait le rejeter. Peu importait la façon dont elle se comportait après, rien n'y changeait. Andrew décida qu'il était plus simple de rester seul. En fait, c'était lui qui rejetait l'autre, bien qu'il n'en fût pas conscient.

« La seule chose dont nous devons avoir peur, c'est de la peur elle-même », pour reprendre la célèbre citation de Franklin Roosevelt. On a la sensation que la peur est dangereuse, qu'elle va faire chavirer notre vie, anéantir nos efforts. Dès que nous ressentons une once de peur, nous nous refermons sur nous-mêmes, nous nous attendons au pire et nous perdons souvent contact avec la réalité.

C'était le soir du troisième jour de la retraite. Nous étions restés assis à méditer pendant plusieurs heures. À présent la douleur était presque insupportable et j'étais épuisée. Je mourais d'envie de rentrer chez moi, mes jambes étaient douloureuses, j'avais le dos raide. La peur commença à m'envahir à l'approche de l'heure de la séance du soir. Encore trois heures à supporter. Je ne pensais pas en être capable.
Je m'assis sur mon coussin et les cloches sonnèrent. Puis le silence, absolu. Bientôt la douleur se manifesta, et avec la douleur, la peur. Pas moyen d'y échapper. Plus je luttais contre elle, plus elle s'aggravait. Ne sachant que faire, hors de moi, j'éclatai en sanglots. Je savais que je dérangeais les autres, mais je ne pouvais m'en empêcher. Et plus je pleurais, plus je me sentais mal.
Puis, à ma grande horreur, un initié me cria : « Ou vous arrêtez ou vous sortez. Allez vous asseoir toute seule près du lac. Affrontez votre peur. Devenez plus forte qu'elle. »
À cet instant, sonnée, je cessai de lutter et affrontai mon agitation intérieure. La douleur et la peur disparurent. Remplacées par une joie incroyable.
À cet instant, je compris que la peur n'est qu'une sensation, une vague d'énergie, une bourrasque de vent qui va et vient, si je l'y autorise, si je le veux bien. Je compris que je n'étais pas la peur que je ressentais. Je n'en étais que l'hôte – non l'invitée.

HÔTE OU INVITÉ ?

Dans la pratique zen ainsi que dans la cérémonie traditionnelle du thé au Japon, on fait la distinction entre l'hôte et l'invité. Il est très important d'apprendre comment être l'un et l'autre. Chaque rôle est différent. L'hôte crée un cadre dans lequel recevoir l'invité. Il l'accueille, se montre aimable et hospitalier. L'invité reçoit ce que l'hôte lui offre, savoure, apprécie, remercie et prend congé. L'hôte ne se comporte pas en invité, pas plus que l'invité ne se comporte en hôte. Si cela se produisait, ce serait le monde à l'envers.

Vous êtes l'hôte, la peur est l'invitée. Il est important de ne pas inverser les rôles. L'invitée, la peur, va et vient, tandis que vous, l'hôte, restez calmement assis, tranquille, à regarder le spectacle.

Voici des exercices pour vous aider à songer à la peur comme à un simple visiteur de passage.

• *Regardez-la et sentez-la monter.*
D'où vient-elle exactement ? Où va-t-elle ? Où la sentez-vous dans votre corps ? Grossit-elle, diminue-t-elle ? Pouvez-vous la laisser partir ? Le voulez-vous ?

• *Écoutez-la.*
Elle vous parle ? Ne la prenez pas au sérieux. Souvenez-vous, c'est simplement sa voix qui parle. Remerciez-la de vous faire partager ses pensées et laissez-la partir. Elle cherche peut-être seulement à être reconnue, ressentie ou entendue. Ensuite, elle part sans faire de difficultés. Si vous la remerciez d'avoir partagé un moment avec vous, elle s'essouffle.

• *Ne l'autorisez pas à suspendre vos activités.*
Si vous avez quelque chose à dire, dites-le, malgré ce qui vous habite. Si vous avez quelque chose à

faire, faites-le. Chassez-la de votre organisme et souhaitez-lui bon vent.

Dans tous ces exercices, vous ne fuyez pas votre peur, vous ne la refoulez pas, vous ne l'éliminez pas, mais vous ne l'autorisez pas non plus à jouer les sangsues avec vous. Vous établissez un rapport différent avec elle. En la remerciant d'apparaître, vous comprenez que vous n'êtes pas la peur. C'est simplement une sensation qui vous habite. Vous êtes toujours plus fort qu'elle. Remettez le monde à l'endroit – devenez l'hôte, non l'invité.

La vraie question

Chaque fois que la peur se manifeste, derrière ses fanfaronnades, la question qu'elle pose réellement est la suivante : « Peux-tu me voir telle que je suis ? Apprendras-tu à acquérir de la force du fait de notre rencontre ? Puiseras-tu dans tes ressources infinies, me perceras-tu à jour, me résisteras-tu ou céderas-tu ? » Étrangement, la peur peut être votre amie, si vous savez l'accueillir judicieusement. Combien d'entre nous entendent-ils vraiment les questions tacites qu'elle pose ? Êtes-vous même conscient que vous cédez ou que vous vous refermez sur vous-même une fois qu'elle s'est emparée de vous ?

Essayez un de ces exercices ou essayez-les tous. Créez les vôtres. Souvenez-vous, la peur n'est qu'une énergie passagère ; c'est le fait d'y résister, d'y croire qui lui donne de l'importance. Dès que vous voyez la peur sous son vrai jour, une broutille, elle s'éloigne.

Plus vous ferez ces exercices, plus vous serez ancré dans la vérité de ce que vous êtes. À mesure que vous gagnerez en force, la peur s'affaiblira. Au bout d'un moment, vous vous rendrez compte qu'elle se manifeste à peine, ou qu'elle ne se manifeste que vaguement avant de disparaître.

VIVRE EN MODE PEUR

Si vous vivez en mode peur, vous menez une existence dominée par la restriction, le refoulement, l'oppression, la punition, la culpabilité, la mauvaise foi et la hantise d'être blessé. Votre vie est une vraie peau de chagrin, un enfer.

> *Mary économisa pendant des années, cachant son pécule dans des boîtes à chaussures sous son lit. Elle se méfiait de la banque, de sa famille, de ses amis, d'elle-même. Elle dépensait très peu et avait toujours l'air exténuée. Aux époques où il était d'usage de faire des cadeaux, elle s'en abstenait. Elle envoyait une carte à la place. Tout le monde la croyait pauvre. Elle ne cessait de se plaindre que tout était hors de prix et qu'on n'était jamais à l'abri d'un coup du sort.*
> *À sa mort, quand sa famille découvrit sa fortune, elle eut un choc. Personne n'aurait pensé qu'elle était riche. En vérité, elle ne l'était pas. Quoi qu'elle eût accumulé dans ces boîtes à chaussures, Mary menait une vie de misère. Chacune de ses journées était hantée par la peur.*

Si vous vivez en mode peur, la moindre chose vous bouleverse. Même en des jours heureux, vous guettez la catastrophe imminente. Peut-être craignez-vous qu'on vous blâme, qu'on vous attaque ou qu'on vous humilie, ou peut-être passez-vous votre temps à accuser les autres, la vie, Dieu ou le destin d'être responsables du sort détestable dont vous avez hérité.

Peut-être vivez-vous dans la mauvaise foi et ne voyez-vous aucune raison de vous comporter de manière responsable ou de faire confiance à quiconque. Vous-même n'êtes pas digne de confiance. Rien n'a de sens. Rien n'a de valeur. Vous vous sentez volé, spolié, démuni – vous êtes toujours la cinquième roue du carrosse. Même si vous êtes dans l'abondance, vous êtes incapable de le voir, de le goûter, de l'apprécier. Ce ne sont pas les autres qui vous volent, c'est votre propre peur. Votre peur vous dérobe votre lucidité, votre générosité, votre satisfaction.

Vivre en mode peur présente des dangers : vous menez une existence étriquée, d'une incroyable rigidité. Il faut toujours que rien ne bouge, que tout réponde à vos attentes ou à vos exigences personnelles. Vous finissez par redouter d'abandonner quoi que ce soit, et vous vous accrochez à des croyances, habitudes, règles, programmes, recommandations qui ne correspondent pas forcément à vos besoins du jour. Et vous vous mettez à exiger des autres qu'ils en fassent autant, sinon vous les rejetez ou les condamnez. La peur vous assaille constamment. Vous ne cessez de nager à contre-courant.

UN ARBRE QUI N'EST PAS SOUPLE, QUI NE PLOIE PAS SOUS LE VENT, SE FEND ET SE CASSE.

Les attentes catastrophiques

TANT QUE LA VIE EST UNE FORME DE CRAINTE, ELLE NE PEUT ÊTRE QUE DOULEUR.

Les « attentes catastrophiques » se manifestent régulièrement quand on vit en mode peur : le pire nous guette, c'est inévitable. Une petite difficulté se présente, et immédiatement elle prend des proportions énormes. Un exemple ? Vous souffrez d'une douleur tenace : c'est forcément un cancer. Et un cancer s'étend inexorablement, n'est-ce pas ? Maintenant que cette pensée terrifiante a pris racine, l'attente catastrophique croît ; vous ne tardez pas à vous convaincre que c'est incurable. Il est peut-être temps de rédiger votre testament.

Le jour où vous apprenez que ce n'était guère qu'un muscle froissé, vous vous sentez trahi. Rien n'est plus facile que de trouver un plaisir malsain à penser sans cesse au pire, à s'appesantir sur les catastrophes, cela donne l'impression d'être plus vivant, parce qu'on devient le centre de l'attention ou que c'est exaltant de lutter contre le danger.

Une fois que vous êtes en mode catastrophiste, même si l'événement n'a pas eu lieu (et risque fort de ne jamais se produire), il est possible que vous ayez une crise d'angoisse rien qu'en pensant aux éventualités. Malheureusement, ces éventualités dictent vos choix et vos actes. Toutes sortes de relations, de rapports, peuvent ainsi s'interrompre. Plus vous vous accrochez aux attentes négatives, plus vous y croyez, et plus la peur s'accroît. Elle vous empêche d'avoir les idées claires et gêne votre capacité de trouver des solutions créatives, le jour où la catastrophe à laquelle vous vous attendez vous frappe de plein fouet.

Détruire les attentes catastrophiques

Quand vous vous surprenez à vous ronger les sangs au sujet de ce qui pourrait se produire, ou que vous amplifiez ce qui est déjà arrivé, prenez une feuille de papier. Tracez une ligne verticale au milieu. Dans une colonne, écrivez ce qui se produit vraiment, et dans l'autre ce qui pourrait se produire.

Dans la première colonne, veillez à noter des faits précis. Par exemple : « J'ai une douleur dans l'épaule. Cela fait vingt-quatre heures que cela dure. » Dans la seconde, écrivez toutes les issues possibles, dont les positives ; par exemple : « Il pourrait s'agir d'une tumeur maligne, ou bien c'est simplement un muscle froissé et cela va cesser immédiatement. » En imaginant consciemment différentes options, vous comprendrez rapidement que celles-ci sont le produit de votre imagination – et non la vérité. Chaque fois que vous notez une nouvelle possibilité, revenez en arrière et vérifiez les faits. Demandez-vous : que se passe-t-il vraiment en cet instant ? Puis-je me concentrer sur ce qui se passe réellement et non sur ce que j'imagine ? Quand vous tenez à vous attarder sur ce qui pourrait se produire, choisissez de vous attarder sur des éventualités positives. Prenez conscience que le choix vous revient. À présent, notez d'autres attentes positives éventuelles, et attardez-vous sur elles.

Surtout, comprenez que ce n'est pas l'événement en soi qui suscite la plus grande peur, mais les projections, les fruits de votre imagination à son sujet. Dès lors, vous êtes capable de gérer ce qui se passe. Dès lors, vous êtes en sécurité ; le présent est rempli de possibilités infinies et peut être source de joie pure.

> Souffrant d'une migraine, Neil Young se rendit compte qu'il voyait trouble. Il se dit que cela passerait. Le lendemain, les symptômes persistant, la star du rock soupçonna un problème plus grave. Il se rasait lorsqu'il vit ce qui ressemblait à un bris de verre dans son œil. Ce bout de verre ne cessant de grossir, il sut qu'il devait immédiatement consulter un médecin. Cinq consultations de spécialistes plus tard, le verdict

tomba : il avait été victime d'un anévrisme cérébral et il fallait intervenir sans attendre. On était un jeudi ; l'opération était prévue pour le lundi suivant. Au lieu de s'apitoyer sur son sort, Young choisit de se rendre à Nashville le soir même afin de travailler à son album. Il boucla certains morceaux en moins d'un quart d'heure. Dans cet état d'hypersensibilité et confronté à sa propre mortalité, il puisait l'inspiration partout. Un message téléphonique d'un copain donna naissance à *Falling off the Face of the Earth*. Lorsqu'il reprit l'avion pour New York le 28 mars 2005, Young avait écrit et enregistré huit chansons en à peine quatre jours.
Le résultat de cette activité débordante devant une situation potentiellement fatale fut l'album *Prairie Wind* (2005). Ces chansons emplies de réminiscences et du sentiment de la mort touchèrent une corde sensible, les critiques furent dithyrambiques, l'album fit un carton et finit en tête des meilleures ventes. La santé de Young ? Il se rétablit complètement après l'opération.

Extrait d'*Extraordinary Comebacks*,
de John A. Sarkett

Young déclencha une vibration de courage et de force qui l'aida à se transcender, au lieu de choisir celle de la peur qui aurait pu le détruire.

La vibration de la peur

La peur émet une vibration. Les chiens vous font peur ? Ils le sentent, aboient et vous attaquent. Vous les aimez bien ? Ils vous accueillent en remuant la queue. Il existe une conscience viscérale de la vibration qu'émet un individu.

Les maîtres en arts martiaux qui se savent capables de se défendre peuvent se déplacer dans un quartier dangereux sans rien risquer : leurs vibrations de force et de courage dissuadent les agresseurs potentiels. Intuitivement, inconsciemment, viscéralement, les autres sentent leur force. On raconte aussi que de célèbres *rishis* (maîtres) hindous sont capables d'émettre une vibration d'amour si totale et entière que des animaux sauvages venaient leur lécher les mains.

Le monde actuel vit dans la peur du terrorisme et des crises économiques. Plus on permet à la peur de se déchaîner, plus ces conditions s'aggravent. Dès que nous nous arrêterons, que nous récupérerons notre pouvoir, que nous commencerons à renverser la peur, nous serons en mesure de retrouver notre sérénité, nos ressources et les solutions infinies qui attendent que nous les découvrions. Il existe des solutions simples, surprenantes, des moyens de transformer des ennemis en alliés. Toutefois, ces solutions se refuseront à nous tant que notre vie sera fondée sur la peur. Il est primordial que nous prenions conscience de l'urgence de la situation et que nous nous engagions à tourner le dos à la peur afin de vivre sur de nouvelles bases. Il suffit d'y mettre de la bonne volonté – ce n'est pas plus difficile que ça.

Une nouvelle vibration : la pratique de l'amour

En vérité, l'amour est bien plus fort que la peur. Une goutte d'amour suffit à dissoudre et soigner la peur et la douleur. Notre cœur est plein de cet amour, nous ne survivrions pas sans lui. Et pourtant, mesquins comme nous le sommes, nous refusons d'ouvrir notre cœur et de donner. Cette avarice est un effet de la peur sur notre vie. Par conséquent, en apprenant à la vaincre, vous vous retrouvez dans la présence apaisante de l'amour. La pratique de la victoire contre la peur est aussi celle de l'amour. Et apprendre la pratique de l'amour dissout simultanément la peur qui nous habite. Toutes deux sont les activités les plus urgentes et les plus agréables que vous puissiez entreprendre.

Arrêtez-vous : songez à une époque où, contre toute attente, l'amour est entré dans votre vie. Le sourire d'un enfant, le regard affectueux d'un animal, un coucher de soleil, un instant de beauté. Un moment où vous avez été le bénéficiaire d'une gentillesse inattendue, avez ignoré une insulte, avez soudain décidé de tendre la main à quelqu'un, oubliant votre intérêt personnel. Attardez-vous sur ce moment. Et attardez-vous-y encore un peu.

Les instants d'amour ne cessent de se produire, mais vous ne prenez pas le temps de les remarquer. Vous n'en tenez pas compte. Laissez-les vous envahir. Appréciez leur effet sur vous. Vous êtes tellement préoccupé par la peur que ces instants d'amour peuvent même vous paraître sans importance. Faux ! Ils se produisent régulièrement et méritent toute votre attention.

CE À QUOI VOUS PRÊTEZ ATTENTION DANS VOTRE VIE S'ACCROÎT ET S'INTENSIFIE.

À quoi voulez-vous prêter attention ? À l'amour ou à la peur ? Que souhaitez-vous en plus dans votre vie ? Voilà une question importante. Vous pouvez toujours choisir sur quoi concentrer votre attention.

Prêtez attention à un instant d'amour, puis à un autre. Notez l'effet qu'il a sur vous. Notez aussi l'effet qu'il a sur les autres.

MOMENT CLÉ

Goûtez et voyez comme la vie est bonne

Il est écrit dans la Bible : « Goûtez et voyez comme la vie est bonne. » Cette affirmation résiste à la peur, elle lui rit au nez. C'est une réfutation de la peur. C'est une déclaration de vérité. Pour qui vit dans la peur, la vie n'a rien de bon. Mais dès que la peur s'évapore, la douceur et les bonheurs de la vie reprennent la primeur.

Quand quelqu'un vous envoie un message sinistre, quand vos attentes catastrophiques se mettent à croître, remplacez-les aussitôt par cette vérité. Dites-vous : Goûte et apprécie comme la vie est bonne. Concentrez-vous là-dessus. Une fois que la peur a disparu, vous êtes capable de considérer la nouvelle que vous venez d'apprendre d'un œil plus calme, plus clair, plus sage. Et s'il y a lieu d'agir, votre sagesse intérieure vous le révélera.

PREMIER PRINCIPE

Le courage d'être soi-même

C'est notre vision de nous-mêmes plutôt que notre véritable personnalité qui constitue les barreaux de notre propre prison.

Dicton zen

Martin Buber, philosophe et exégète de la Bible, passait de nombreuses heures à étudier, rédiger des articles et recevoir des visiteurs. Il consacrait à ces derniers un temps donné, les écoutait exposer leurs problèmes et leur prodiguait ses conseils.

Un jour, un étudiant frappa à sa porte : il avait besoin d'aide. Comme d'habitude, Buber l'écouta, du moins le crut-il, puis lui répondit de son mieux. L'étudiant le remercia et prit congé. Buber se replongea dans ses livres. Tout était en ordre. Le lendemain, il apprit que le jeune homme s'était pendu après leur entretien.

Cette nouvelle le bouleversa. Des jours durant, il fut incapable de réfléchir, de parler, voire d'ouvrir un livre ; il ne songeait qu'à l'étudiant en se posant la question suivante : De quoi un être désespéré en quête d'aide a-t-il vraiment besoin ?

Il finit par trouver la réponse : il a besoin d'une « présence » qui lui permette de savoir que, malgré l'angoisse, la vie a encore un sens.

À dater de ce jour, il ferma ses livres, cessa ses pratiques religieuses et renonça à tout ce qui, à son avis, l'avait empêché d'être pleinement présent pour son prochain. Il veilla à rester disponible. Il s'appliqua à vivre en puisant dans son moi authentique. Écartant toutes les futilités et distractions, il se concentra sur la vérité de l'instant. Il s'autorisa à vivre directement l'expérience des autres et fut en mesure de leur répondre à partir de sa vérité la plus profonde. Lorsque des visiteurs sonnaient à sa porte, ils trouvaient quelqu'un.

Le moi non authentique

Quand vous passez votre vie à présenter une fausse façade à autrui, il est facile de perdre contact avec votre réalité la plus profonde – votre moi authentique. Il devient ardu d'entendre ce que les autres disent vraiment ou ce qu'ils attendent de vous. Vos paroles deviennent un refrain creux ; les gens écoutent, mais cela ne les touche pas. C'est seulement quand vous mettez de côté votre faux moi que la vraie présence et l'amour se manifestent. C'est la guérison que nous cherchons tous qui apporte une sérénité inébranlable.

Nous passons la plus grande partie de notre vie à jouer une variante de « Mettons que… ». « Mettons que vous n'ayez pas dit cela. Faisons comme si ce qui s'est passé n'a pas vraiment d'importance. Je vais vous aider à préserver vos faux-semblants, et vous à préserver les miens. » Nous apprenons dès l'enfance à créer une personnalité publique qui satisfasse la société. Toutefois, peu à peu, cette fausse personnalité, ce faux ego prend le pouvoir et nous vivons continuellement dans la crainte d'être percés à jour.

Le faux-semblant nous vole notre vraie vie. Si quelqu'un sonne à notre porte, le plus souvent, il ne trouve personne. Vivre dans un monde où il est difficile de trouver une oreille attentive a de quoi terrifier. Et bien sûr, il n'y a pas de meilleur antidote à la peur et à la solitude que de trouver quelqu'un qui soit vraiment « là ». Dans ces instants, vous êtes aussi « là » avec vous-même.

> Désespéré de ne pas savoir comment vivre, un disciple rendit visite à un sage.
>
> « Que cherches-tu ? demanda celui-ci.
>
> — L'illumination. La sérénité, répondit le disciple tourmenté.
>
> — Pourquoi cherches-tu à l'extérieur ? Tu possèdes ton propre coffre aux trésors.
>
> — Où est mon coffre aux trésors ?
>
> — Ta question, c'est ton coffre aux trésors. »
>
> Le disciple eut alors une révélation.
>
> Ensuite il pressa ses amis de puiser dans leur propre coffre aux trésors.
>
> Conte zen

Généralement, nous n'ouvrons pas notre propre coffre aux trésors. Nous employons la plus grande partie de notre temps et de notre énergie à acquérir des compétences, un savoir et des stratégies – tout cela pour bâtir notre faux moi. Malheureusement, quels que soient le temps et l'attention que nous y consacrons, il ne nous apporte ni vraie joie, ni paix.

Quelles que soient les louanges que reçoit l'ego, il ne se sent jamais vraiment apprécié ni aimé. De par sa nature même, il est fuyant, craintif et sans racines. Il a toujours soif de davantage d'approbation et se sent régulièrement menacé. Il est incapable de distinguer le bon grain de l'ivraie. Il s'empiffre, fait de mauvais choix et refuse d'affronter la réalité. En vivant ainsi, nous vivons dans la peur.

Les trois poisons

Selon Bouddha, nous naissons tous sous l'emprise de trois poisons : l'avidité, la colère et l'illusion. Ces poisons sont des maladies qui nous touchent tous plus ou moins. Ils alimentent l'ego, le rendent susceptible, soupçonneux, manipulateur et enclin à adopter des tas de camouflages. Pourtant, l'ego a beau se parer de poudre, de fards, de bijoux et de vêtements neufs, on a beau lui répéter « Je t'aime », il se sent laid, il se déteste et déteste le monde entier.

Le petit ami d'Amy ne cessait de lui répéter qu'il l'aimait, mais elle n'en croyait pas un mot. Elle avait besoin de l'entendre encore et encore. « Tu m'aimes ? » Il finit par perdre patience et la quitta.

Pourquoi nous accrochons-nous à nos ego dérangeants ? Parce que nous n'imaginons pas une seconde à quel point nous sommes véritablement magnifiques.

Quitter le jardin d'Éden

Comment un faux moi se développe-t-il et prend-il le pouvoir sur nous ? Nous naissons pleins d'allégresse, de curiosité et de désir de devenir l'être unique que nous sommes. Chaque enfant vient au monde avec son propre répertoire. Il est capable de vivre pleinement chaque instant, de réclamer son biberon quand il a faim, de demander de l'amour lorsqu'il se sent seul. Il répond à ses propres besoins et il a sa manière bien à lui de communiquer avec le monde.

Avant que les exigences des autres ne prennent le pas, avant que le conditionnement familial, social et religieux n'entre en action, l'enfant a un sens intrinsèque de qui il est, de ce qu'il peut donner et de ce qu'il veut. C'est un enfant de la vie, un membre de l'univers. Il a un sentiment d'appartenance, de sécurité, il est confiant dans le fait que tous ses besoins seront satisfaits. Il connaît le bien-être optimal.

Puis l'enfant grandit et perd son sentiment d'habiter un univers sûr. Le monde commence à s'opposer à ses désirs et paraît soudain hérissé de dangers. L'enfant est obligé de lutter pour défendre ce qui lui appartient, de se dissimuler, de se cacher. L'angoisse et la peur se manifestent. Bientôt, il commence à avoir l'impression d'être en porte-à-faux – de ne pas être aimable, de n'être à sa place nulle part. Le venin du serpent l'a envahi.

En quittant le moi naturel de l'enfance, l'enfant se crée une identité visant à plaire aux autres et à lui apporter l'amour et l'approbation qui étaient siens originellement. Il est comme exilé de sa plénitude et de sa sagesse. Cette cassure hante nombre d'entre nous. En vivant coupés de notre moi naturel, nous nous retrouvons sans vrais fondements. Le monde devient irréel et peu sûr.

En exil de notre moi naturel

C'est dans les réunions mondaines que nous mesurons à quel point nous sommes éloignés les uns des autres.

Paul Tillich

Inconscients de nous être rejetés nous-mêmes, nous vivons dans la peur constante du rejet d'autrui. Cette peur est notamment vivace dans les rapports intimes et sur le lieu de travail, où la pression pour faire bonne figure, s'intégrer et satisfaire d'innombrables exigences est énorme. Pour répondre à cette pression, nous finissons par vivre en puisant de plus en plus dans notre faux moi. Sans le savoir, nous avons accepté l'emprise de la peur.

Tôt ou tard, nous en payons les pots cassés. La mascarade du faux moi engendre un ressentiment et un désespoir vite intolérables. Elle finit par provoquer des maladies, des crises d'angoisse, de la colère, de la rébellion. Chacun a besoin de la force et des ressources qu'offre le fait de puiser dans son vrai moi et de l'accepter. Quelles que soient les épreuves que vous traversez, quel que soit le tour que prennent les événements, si vous vous appartenez, vous possédez la capacité naturelle de surmonter tous les obstacles. Quand vous avez le courage d'être vous-même, vous bénéficiez d'immenses richesses intérieures.

> On demandait à un soufi : « Pourquoi ce derviche [maître] commet-il tant d'erreurs ? »
> Il répondit : « S'il ne commettait pas d'erreurs, soit on le vénérerait, soit on l'ignorerait. Il commet des erreurs pour qu'on lui demande la raison de ses actes.

— Mais quel en est l'intérêt ?

— L'intérêt, c'est que l'on peut ainsi voir qui il est et non l'homme qu'on imagine. »

Idries Shah

En quête d'un être vrai

Pourquoi nous sentons-nous obligés de porter des masques, de nous livrer à des jeux, de tromper les autres et nous-mêmes ?

On raconte que Diogène arpentait sa ville avec une bougie allumée, en quête d'un véritable être humain. Il dut avoir du mal à en rencontrer un. L'envie de trouver un être authentique et la difficulté que cela représente sont éternelles. C'est l'exemple même du pouvoir que détient la peur sur notre vie, de la toile de mensonges qu'elle tisse. La pression de se conformer à la norme est immense. Nombreux sont ceux qui sont convaincus que quelque chose cloche chez eux parce qu'ils sont différents. Ils déterminent leur valeur en se comparant aux autres. Mais si vous vous regardez par leurs yeux, vous devenez pour vous-même un objet et un inconnu.

Se voir au travers du regard des autres

Maria n'était jamais contente. Les cadeaux de son mari n'étaient jamais à la hauteur de ceux que ses amies recevaient de leurs époux. Ils n'étaient pas aussi bien emballés, ils coûtaient moins cher, et semblaient être des choix de dernière minute. Les maris de ses meilleures amies consacraient un temps, des sommes et une attention considérables au choix de leurs cadeaux et ils leur en offraient plus souvent. Petit à petit, la situation s'envenima. Non seulement des conflits éclatèrent entre Maria et son mari, mais aussi entre elle et ses amies. Au lieu d'être un symbole de l'amour de son mari pour elle, ses cadeaux commencèrent à entamer le sentiment de sa propre valeur. Ils lui semblaient prouver qu'il ne l'aimait pas vraiment et qu'elle ne valait pas grand-chose à ses yeux.

Maria était complètement sous l'emprise de son faux moi, perchée en équilibre instable sur une identité vouée à s'écrouler. Elle ne connaissait sa valeur qu'en se comparant aux autres. Elle avait besoin de cadeaux et de signes extérieurs d'attention pour affirmer son identité. Son moi dépendait entièrement du comportement et des réactions d'autrui. Elle ne voyait pas que son mari l'aimait tendrement, qu'elle était une femme intéressante et belle. Son mariage heureux au départ commença à battre de l'aile.

Vivre en puisant dans son faux moi

Ce que vous me dites de moi
m'en apprend plus sur moi-même
que ce que je sais de moi de l'intérieur.

Jean-Paul Sartre

Quand vous vivez en puisant dans un moi faux, vous accordez plus de crédit aux réactions des autres qu'à ce que vous ressentez et pouvez apprendre par vous-même. Vous estimez que ce qu'ils pensent est vrai et vous doutez de vos sentiments et de vos réactions. Ainsi, vous perdez le contact avec ce qui est authentique et significatif et vous devenez une cible rêvée pour la peur. Combien de temps pouvez-vous vivre la réalité des autres ? Parviendrez-vous jamais à lire suffisamment d'approbation dans leur regard ?

Nous ne sommes pas des saules qui ploient – nous sommes capables de nous détacher et il est impératif que nous le fassions. En apprenant à se faire confiance, on se découvre de nouveaux pouvoirs.

Ralph Waldo Emerson

La peur nous incite à nous conformer à la réalité des autres, sans quoi nous nous sentirions humiliés et rejetés. Faux – c'est tout le contraire. Plus vous vous dégagez de la réalité des autres, plus vous vivez ce que vous êtes vraiment, plus votre vie gagne en force, en vivacité et en valeur. Et moins vous vivez sous l'emprise de la peur.

Arrêtez-vous un instant pour vous demander où vous vous sentez le plus à même de vivre votre vrai moi. Où êtes-vous le plus complètement accepté ? Quand et où avez-vous le sentiment d'être capable d'accepter aussi pleinement les autres ?

ACQUÉRIR LA CONFIANCE EN SOI

Je dois être moi-même. Je ne peux plus me fractionner pour vous. Ainsi je saurai que ce qui est profond est sacré, je ferai ce qui me réjouit intérieurement et ce que mon cœur me dicte.

Ralph Waldo Emerson

Au plus profond de nous existe un désir d'être vrais, de nous exprimer et de nous connaître pleinement. Quand vous êtes capable de retirer vos masques, non seulement vous respirez mieux, mais votre vie se régénère. Mais ôter les masques n'est peut-être pas si facile. Il est possible que vous soyez tellement habitué à les porter que vous les confondez avec votre propre peau. Même s'ils vous gênent, vous luttez comme un beau diable pour les conserver.

Un autre mensonge de la peur est de nous dire que les masques sont notre sécurité et notre beauté ; ce qui se cache derrière est effrayant et laid. Faux ! Certains préféreraient mourir plutôt que d'être privés de leurs masques. Ils s'y accrochent comme un homme en train de se noyer à un canot de sauvetage. Si l'on insulte le masque, ils réagissent par la peur et la colère. D'autres seraient prêts à tuer pour préserver leur image publique. Certains se suicident quand cette image s'est désintégrée. Même très malades, certains se préoccupent avant tout de l'image et de l'impression qu'ils donnent. Ils vivent derrière la forteresse de leurs masques jusqu'au bout. Pourtant, les changements que nous rencontrons dans la vie effacent toutes les images et arrachent nos masques et nos petits jeux.

Notez quel genre de masque vous portez. Dessinez-le.
Complétez les phrases suivantes :
Je veux que les autres me voient comme…
Derrière mon masque, je suis…
Étudiez vos réponses. Que vous apporte vraiment ce masque ?

Nous créons aussi des masques pour affronter ceux des autres. Ensuite nous nous demandons pourquoi nous sommes incapables d'aimer et sommes si seuls. Souvenez-vous, tout ce que le masque dit et fait a pour but de dissimuler. Un masque peut-il en aimer un autre ? Un masque sait-il communiquer ? À quelle part de votre masque êtes-vous prêt à renoncer ? Quelle quantité d'air frais acceptez-vous de faire entrer dans votre vie ? Êtes-vous conscient de ce dont le masque vous coupe ? Se pourrait-il que, bien que vous en rêviez, l'amour soit ce que vous redoutiez le plus ?

Où l'amour s'est-il envolé ?

Le faux moi se manifeste activement dans les rapports amoureux. Pour de nombreux couples, les premiers mois sont glorieux, quand chacun projette ses fantasmes sur l'autre. Chacun se fabrique une personnalité qui passe sous silence d'énormes pans de soi-même. Bien entendu, cela ne dure qu'un temps. Généralement, au bout de six à neuf mois, de nouveaux traits de caractère se révèlent. C'est à ce moment-là que beaucoup se disent : « Je ne sais pas où l'amour s'est envolé », ou encore : « Je t'aime mais je ne suis plus amoureux. »

Bien sûr, l'amour n'est parti nulle part, c'est le moi faux, rêvé, qui commence à se craqueler. Le faux moi ne peut survivre indéfiniment et, quand d'autres parties de notre personnalité commencent à voir le jour, ce qu'on pense être de l'amour semble disparaître. En général, nous passons le plus clair de notre temps à essayer de transformer l'autre en un être qui réponde à nos rêves ou nos besoins. Quand l'autre ne peut ou ne veut pas évoluer de la manière souhaitée, nous nous plaignons que l'amour s'est envolé. En fait, il ne s'agissait pas d'amour, seulement de besoin et de manipulation.

Charles était anéanti. Il idolâtrait son mentor, l'homme qui était tout ce qu'il rêvait d'être. Il était son étudiant depuis un an lorsqu'il découvrit des secrets sur sa vie qui le mirent en état de choc. Ils contredisaient tout ce que le mentor enseignait et semblait être. Charles en perdit l'appétit et le sommeil.

« Comment a-t-il pu me trahir à ce point ? Il a tout gâché. Je me fais l'effet d'un parfait imbécile de l'avoir tant aimé. Son enseignement n'était qu'un tissu d'âneries. Jamais plus je n'accorderai ma confiance. »

« Tu n'aimais pas le prof, lui dit un de ses amis. Tu aimais l'image que tu avais de lui, ce que tu voulais qu'il soit. Si tu connais la vérité et que tu l'aimes encore, là tu progresses. Sinon, ne parle pas d'affection ! C'est la véritable leçon qu'il te donne. »

Quand vous construisez une vie fondée sur l'image que vous-même ou quelqu'un d'autre doit présenter pour être apprécié, vous bâtissez sur du sable. Vous n'êtes pas vraiment capable de connaître ou d'aimer l'être en question, mais seulement les fantasmes que vous nourrissez à son sujet. À tout moment, d'autres aspects de cet être peuvent se révéler au grand jour et faire s'écrouler vos rêves.

Voici une belle histoire décrivant un maître zen et son neveu. Elle dépeint une manière différente d'être avec les autres. Elle montre où est vraiment l'amour et ce qui est nécessaire pour qu'un être ou une relation se développe réellement.

Un jour, le frère d'un maître zen vint le supplier de l'aider. Il avait des problèmes avec son fils qui était indiscipliné et cela allait de mal en pis. Il avait beau essayer de lui faire entendre raison, le jeune homme refusait de l'écouter. Il sortait la nuit, faisait la fête, buvait, écoutait sa musique à plein volume ; il refusait d'obéir à sa famille. Le frère du maître était au désespoir : « Nous ne savons plus quoi faire. Il faut que tu viennes passer une semaine à la maison pour nous aider. »

Le maître zen accepta. Il se rendit chez son frère et salua chaleureusement son neveu qui ne savait pas trop sur quel pied danser. Le maître zen décida tout simplement de passer la semaine à accompagner le jeune homme partout. Il le suivit dans les bars le soir, avec son groupe d'amis. Le jeune s'attendait à des remontrances à leur retour à la maison, mais le maître ne disait rien. Il accompagna ensuite son neveu à des soirées, des concerts de rock, dans des maisons de mauvaise réputation, partout où allait le jeune homme. Chaque jour, le neveu attendait un sermon qui ne venait jamais. Le maître zen se contentait de le suivre partout.

La fin de la semaine arriva et le jeune homme ne savait que penser. L'heure du départ sonna et le maître alla dans sa chambre. Triste de voir son oncle partir, le jeune homme le rejoignit. En silence, il le regarda boucler ses bagages. Son oncle ne lui donna pas de conseils. Il se pencha pour nouer ses lacets, et une larme coula sur sa joue. Le neveu la vit et en fut choqué. Il fut tellement ému qu'il était incapable de prononcer un mot. Après, le jeune homme se trouva incapable de revenir à son ancienne vie, même s'il l'avait voulu.

Arrêtez-vous et réfléchissez : Qu'est-ce que cela signifie d'accompagner vraiment quelqu'un sans le juger ni l'accabler de reproches ? Qui accompagnez-vous vraiment ? Êtes-vous capable de vous accompagner vous-même ?

Pour faire l'expérience de l'amour et du contact, pour se libérer de la peur, il faut être prêt à s'accepter soi-même et à accepter les autres tels qu'ils sont. Il faut être prêt à renoncer à exiger des autres qu'ils répondent à nos attentes, et à ne pas les rejeter si tel n'est pas le cas. Le maître zen en a été capable, et en acceptant et en vivant pleinement chaque instant, il a offert à son neveu une affection spontanée qui lui a permis de grandir.

Le naturel est bon,
L'aisé est bon,
Être soi-même est bon.
Être soi-même est tout ce que vous
Pouvez vraiment être,
Suivre une autre voie revient à s'égarer.

Bhagwan Shree Rajneesh

RETROUVER LE CHEMIN DE LA MAISON : DÉCOUVRIR SON MOI AUTHENTIQUE

Que faut-il encore pour vivre en étant soi-même, pour être capable de puiser dans son stock intérieur de courage et de force ? Un merveilleux enseignement du Lankâvatâra Sûtra (enseignement bouddhiste) aide à répondre à cette question.

NE CHERCHE PAS CE QUI EST RÉEL.
CONTENTE-TOI DE RENONCER À TOUT CE
QUI EST IRRÉEL ET CE QUI EST RÉEL VIENDRA À TOI.

D'abord, il faut que vous preniez conscience des façons dont vous vous accrochez à ce qui n'est pas réel – les jouets et les diversions qui apportent souvent un sentiment trompeur d'estime de soi. Une fois que vous aurez renoncé à ce qui est irréel, votre moi authentique apparaîtra tout seul.

Enfants, nous nous amusons avec des jouets. En grandissant, nous avons besoin de la version grandeur nature.

Kosho Uchiyama Roshi, maître zen

Notez combien de temps vous consacrez chaque jour à échapper à ce qui vous rend vraiment heureux. Notez combien de fois vous offrez une réaction superficielle, répondant aux canons de la vie en société, sans vraiment regarder, écouter, parler ou songer à ce qui est important pour vous. Voyez-vous à quel point cela retire du sens à votre vie, de la joie à vos journées ?

Réveillez-vous. C'est votre vie que vous êtes en train de jeter aux orties. Chaque jour vous vous perdez vous-même de centaines de minuscules façons.

Le grand philosophe américain Ralph Waldo Emerson a dit : « Quand vous avez la vie en vous, ce n'est pas un hasard. C'est ce qui vous permet d'entendre l'autre. Vivons vraiment et nous verrons vraiment. »

Combien d'entre nous savent ce qu'ils chérissent de tout leur cœur ? Combien d'entre nous se sont-ils engourdis au point qu'ils l'ont évacué ? Pour être vraiment là pour autrui, il faut commencer par apprendre comment être vraiment là pour soi-même.

Restaurer le moi

On nous invite constamment à être nous-mêmes.

Henry David Thoreau

On ne compte plus les groupes d'aide : pour les problèmes d'alcool, de drogue, la violence conjugale, les troubles alimentaires, les dépendances de toute sorte. Et si l'on commençait par reconstruire son moi ? Les dépendances et les obsessions sont alimentées par une soif du vrai moi et le vide d'une vie qui en est dépourvue. Une fois qu'on a récupéré son moi, on rétablit l'équilibre et tout se remet en place.

Pour vaincre la peur, il faut retrouver son moi authentique. Le grand conseil du Lankâvatâra Sutrâ suggère qu'on commence son voyage vers la guérison en renonçant à ce qui est faux. Bien entendu, cela vous sera impossible tant que vous n'aurez pas pris conscience de ce qui est faux dans votre vie. Ce sera différent pour chacun d'entre nous. Une fois qu'on renonce à une chose, une autre apparaît. Vous n'êtes pas obligé de renoncer à tout d'un seul coup. Procédez comme avec un oignon, retirez une peau après l'autre.

> Mulla Nasrudin se planta au milieu du marché et se mit à haranguer la foule.
> « Braves gens ! Désirez-vous la connaissance sans les difficultés, la vérité sans le mensonge, la réussite sans les efforts, le progrès sans les sacrifices ?
> — Oui ! Oui !
> — Excellent ! dit Nasrudin. Je me renseignais, c'est tout. Comptez sur moi pour vous le dire si jamais je le découvre. »
>
> Idries Shah

Qui êtes-vous ? Qui n'êtes-vous pas ?

Afin de savoir qui vous êtes, il vous faut aussi savoir qui vous n'êtes pas, ce qui est faux et impraticable dans votre vie, dans quel domaine vous vivez le rêve de quelqu'un d'autre. Il faut que vous sachiez ce qui vous dérange, ce qui ne correspond pas à ce que vous êtes. Il est important de reconnaître ce que vous ne pouvez pas faire, ce qui n'est pas pour vous. Nous sommes si nombreux à passer notre vie à nous contorsionner pour nous conformer aux attentes de la société. On sait que les familles et les « amoureux » ont l'art de projeter ces images et ces exigences les uns sur les autres. Toutefois, ces attentes peuvent être mortelles. Elles causent des souffrances, des distorsions, et un manque d'acceptation de soi – l'incapacité de savoir qui nous sommes vraiment.

Prenez le temps de voir ce qui est naturel, aisé, agréable pour vous, ce qui vous rend en fait heureux de vivre.
Ensuite, prenez le temps de voir ce qui n'est pas naturel, aisé, agréable, ce qui provoque des conflits, des difficultés, de la confusion, du désarroi. Qu'est-ce qui vous sape le moral, vous blesse, vous donne des problèmes de digestion ? En général, vous n'y prêtez pas attention. Il est temps d'y remédier. La première étape, c'est de bien étudier la question. La suivante, c'est de dire *Non*.

Vous ne pouvez pas dire Oui si vous n'êtes pas capable de dire Non

C'est une vérité et un excellent remède à ingérer sans attendre. Être incapable de dire non fait naître tant de peur. Je ne parle pas du non automatique, impulsif que l'on oppose par résistance, colère ou entêtement. Je parle d'une sorte de non différente, qui surgit une fois que vous avez compris et accepté qui vous êtes et qui vous n'êtes pas. Il se présente quand vous savez ce qui est vrai et ce qui est faux pour vous. Ce non est un signe de respect pour vous-même, vous admettez ainsi que c'est très bien d'être qui vous êtes ; vous n'avez pas à déguiser, déformer ou rejeter votre vérité. Vous n'êtes pas obligé de contenter tout le monde.

Nombre d'entre nous ne savent pas à quoi opposer un non. Nous nous sentons coupables et honteux de ne pas tout « accepter ». Nous avons le sentiment que si nous ne satisfaisons pas les besoins de tout le monde, nous avons échoué ou avons quelque chose qui cloche. Certains d'entre nous s'imaginent qu'ils devraient être en mesure de s'intégrer partout, de répondre à toutes les demandes. Cela épuise nos forces et nous jette dans le trouble. En vivant ainsi, vous perdez le contact avec votre moi authentique et vous ne pouvez pas acquérir le courage d'être qui vous êtes.

Si d'autres vous rejettent parce que vous avez dit non, tant pis pour eux. (Au chapitre 5, nous apprendrons à rejeter le rejet.) Pour l'instant, prenez conscience que si vous êtes incapable de dire non, vous rejetez votre moi authentique. Comprenez également que vous ne pouvez pas dire oui si vous n'êtes pas capable de dire non. Votre oui n'est alors pas un vrai oui. C'est un automatisme, un réflexe. Ce n'est pas un vrai oui offert par votre être tout entier. Si vous ne pouvez pas offrir un oui franc, sans condition, non équivoque, vous n'êtes pas votre moi authentique. Quand vous êtes capable de dire oui ou non de tout votre cœur, la peur n'a aucune prise sur vous.

Parfois, nous recevons le pouvoir de dire oui à la vie, alors la paix nous envahit et nous redevenons entiers.

Ralph Waldo Emerson

Un grand maître, Soen Nakagawa Roshi, a dit que, généralement, pour embellir une pièce, nous y plaçons des meubles, des tableaux, des tapis, des décorations. En fait, il vaut mieux faire le vide. Une fois que la pièce est nue, sa beauté apparaît. Quand nous vidons la pièce, nous disons non à tout ce qui ne nous plaît pas dedans. Nous la vidons pour lui rendre son aspect originel.

MOMENT CLÉ

Vous dominez votre vie et votre univers

Votre vie est un bien précieux pour vous et le monde. Personne, aucune pensée, aucune émotion n'a le droit de vous dominer. C'est vous qui avez les cartes en main pour choisir la direction que vous voulez prendre.

PRINCIPE 2

Apprendre à se détacher

Le plus tendre en ce monde domine le plus fort.

Tao-tö-king

Nous nous accrochons désespérément à l'idée que tout devrait rester en l'état. Nous ne cessons de nous étonner que ce que nous aimons disparaisse, que de merveilleuses relations se fanent, que notre corps se transforme, que des gens se comportent de manière inattendue, que notre sort fluctue. Face à ces changements qui sont dans l'ordre des choses, nous nous sentons même parfois insultés ou trahis : « Comment cela peut-il m'arriver à moi ? », ou encore persécutés, victimes, comme si c'était la preuve que nous avons échoué. Nous n'avons pas réussi à freiner l'évolution. Nous n'avons pas vu nos attentes se réaliser.

Dans un conte taoïste, un vieillard tombe accidentellement dans des rapides menant à de dangereuses chutes d'eau. Les témoins craignent pour sa vie. Miraculeusement, il ressort indemne de l'eau en aval, au pied des chutes. Comment a-t-il réussi à survivre ?

« Je me suis adapté à la rivière, et non le contraire. Sans réfléchir, je me suis laissé modeler, porter par elle.

En plongeant dans le tourbillon, je suis ressorti avec lui. Voilà comment j'ai survécu. »

On ne se baigne jamais deux fois dans le même fleuve

C'est Héraclite qui a dit cela. La deuxième fois que vous mettez le pied dans le fleuve, non seulement le fleuve est différent, mais vous aussi. Votre température corporelle a changé, comme votre humeur, l'instant. Vos cellules ont évolué, comme vos pensées, vos sentiments, votre compréhension des choses. Tout ce que vous avez vécu a eu un impact sur vous. Le fleuve aussi a connu des changements, il a coulé sur des rochers, agité la végétation, nourri des poissons. Tout l'a modifié. Il est différent, comme vous. Magnifique et exaltant, non ?

Magnifique et exaltant, le changement ? Le plus souvent, il nous terrifie, nous y résistons et nous nous employons à le tenir à distance. Nous érigeons des barrages pour l'endiguer ; nous recourons à des croyances et des convictions pour contenir le flot.

Pourtant, sans lui, rien ne pourrait croître. Votre expérience de vous-même et des autres ne pourrait s'approfondir. Vous seriez incapable de faire la distinction entre un engouement enfantin et l'amour véritable. Sans changement, un nourrisson ne relèverait jamais la tête : il n'apprendrait pas à s'asseoir, à se déplacer à quatre pattes, puis à se redresser et à marcher. Le changement est votre ami. Le changement est un cadeau. Il est essentiel d'apprendre à le voir sous ce jour.

En revanche, la peur nourrit des projets différents. Elle dit que le changement est dangereux et qu'on ne se sent en sécurité qu'en s'en tenant à ce qui est connu, au passé. Les vieilles habitudes sont bonnes, les nouvelles condamnables. Il faut s'accrocher à ce qu'on a appris dans l'enfance et à ce que nous a inculqué notre famille. En bref, la peur vous conseille de ne pas grandir. Kierkegaard a dit fort sagement qu'au-delà de l'âge de quinze ans on cesse de grandir. On vieillit, mais on ne mûrit pas. On n'acquiert pas le sens de l'interrogation, l'indépendance intérieure et l'ouverture au changement. On se conforme aux vieux schémas et on ne cesse de répéter les erreurs du passé.

La pulsion de répétition

Freud l'a décrite. C'est la pulsion inconsciente qui incite à répéter les événements ou les relations du passé douloureux ou traumatisants que l'on n'a jamais vraiment réussi à accepter. Quand on est le jouet de la pulsion de répétition, on se replonge automatiquement et inconsciemment dans la même situation, on ne cesse de revivre la même relation. Dans son for intérieur, on veut que « cette fois » cela se passe différemment. C'est prendre ses désirs pour la réalité. Il faut changer, se débarrasser des vieux schémas si l'on veut progresser. Indries Shah présente de nombreux enseignements soufis sous la forme de contes simples à la portée de tous :

> Assis devant un bol de cornichons aigres, un homme les croquait l'un après l'autre en faisant force grimaces. Un de ses amis lui dit : « Pourquoi continues-tu à manger ces cornichons aigres ?
> — Parce que j'attends que s'en présente un qui soit doux. »

Comme nous tous, le vieillard répétait le même geste en espérant contre toute attente que l'aigreur se muerait soudain en douceur. Il ne cessait de connaître l'amertume au lieu de partir à la découverte d'un autre type d'aliment. Prisonnier de la pulsion de répétition, il était devenu rigide, otage de la peur.

Quand la peur domine votre vie, elle ne vous permet pas d'explorer de nouveaux horizons. Vous vivez en mode automatique, sans jamais oser vous éloigner de votre bol de cornichons ni envisager qu'un aliment doux, délicieux et nourrissant puisse vous attendre au coin de la rue. La peur aime la pulsion de répétition. Elle nous conseille de vivre exclusivement dans notre groupe social, ethnique ou religieux, de nous méfier des autres. Les êtres différents sont des dangers potentiels. Il faut se montrer soupçonneux à leur égard et les tenir à distance.

> *Une famille merveilleuse, d'une autre couleur de peau, s'installe dans un quartier huppé, impatiente de rencontrer ses nouveaux voisins. Une vague d'inquiétude balaie le quartier et les portes se ferment sans attendre. Barricadés chez eux, les voisins veillent avec un soin jaloux sur eux-mêmes, leurs familles et leurs croyances, sans jamais apprendre à connaître les nouveaux venus, ni ce qu'ils ont à leur offrir. Et les habitants du quartier ne prennent jamais conscience du chagrin qu'ainsi ils leur causent.*

Quand nous suscitons de la douleur, consciemment ou non, nous donnons à la peur une occasion de croître. Au plus profond de notre être, nous nous attendons à des représailles ou nous trouvons des moyens de nous punir.

Il est essentiel de rester attentif aux manières insidieuses qu'a la peur de transformer une vie qui pourrait être joyeuse, pleine d'espérance et satisfaisante en un sas étanche empli de terreur. Dès qu'on laisse entrer un peu de lumière, il est facile de voir les fissures qui lézardent la façade de la peur. Il existe bien des portes, des fenêtres et des ouvertures cachées dans ce qui semble être de prime abord une forteresse.

LE CHANGEMENT N'EST NI UNE PERTE, NI UN DEUIL

L'immobilisme, comme le changement, apporte la paix.

Enseignement bouddhiste

Nous résistons au changement parce que nous avons l'impression que nous allons être perdants. Faux ! C'est simplement un changement ; il est inévitable, sain et nécessaire. Au lieu d'y voir la promesse d'une vie nouvelle et d'une croissance, il est facile de le considérer comme le méchant de l'histoire, qui va vous dérober ce que vous avez aimé. Toutefois, si quelque chose vous appartient vraiment, rien ne peut vous l'arracher. Si tel n'est pas le cas, vous aurez beau vous y accrocher, cette chose ira à son vrai propriétaire.

Regardez et comprenez. À quoi vous raccrochez-vous en ce moment ? Qu'est-ce que vous refusez de lâcher ? Vous n'aviez peut-être même pas pris conscience de vous y agripper à ce point-là.

En Orient, le concept du karma suggère que tout ce qui entre dans votre vie le fait pour une bonne raison, du fait du karma que vous avez créé dans cette vie et dans les vies antérieures. Le karma se fonde sur la cause et l'effet. Vos pensées, vos actions ont créé diverses causes, et tôt ou tard, le moment venu, leurs fruits apparaissent. Cela peut se présenter sous pratiquement n'importe quelle forme – une nouvelle relation, un nouvel emploi, une maladie, un voyage. L'expérience est là pour vous aider à mûrir, à connaître et à rééquilibrer le karma précédent que vous avez créé. On vous offre une occasion de trouver une nouvelle manière constructive de réagir à l'ancienne expérience. Il arrive que ce qui se présente soit douloureux, mais le but est de vous aider à mûrir. Même si vous recevez une expérience positive, une relation amoureuse, par exemple, elle ne restera que pendant un temps donné. S'y accrocher, s'attacher, se cramponner est complètement vain et contre-productif.

Tout ce qui est composite est appelé à se décomposer.

Sûtra du diamant

La vie possède ses lois intrinsèques de va-et-vient, de rencontres et de ruptures. Une fois que vous avez partagé l'existence de quelqu'un, vous devenez une partie l'un de l'autre, toujours liés, vous ne pouvez rien perdre. En lâchant prise, dans toutes vos expériences, vous pouvez apprécier ce qui se présente plus pleinement, apprendre les leçons plus vite et ne pas créer de karma négatif à compenser dans le futur.

> Deux moines zen traversaient une forêt lorsqu'ils rencontrèrent une belle dame en détresse qui s'était égarée. Ils l'emmenèrent avec eux et se retrouvèrent bientôt devant un ruisseau très profond. L'un des

moines la prit dans ses bras pour lui faire franchir l'obstacle. Arrivé sur l'autre rive, il la posa par terre et lui indiqua son chemin.

Les deux moines poursuivirent leur route. Au bout d'une heure de marche, l'autre moine dit à celui qui avait aidé la femme à traverser le ruisseau : « Tu sais, nous n'avons le droit de toucher aucune femme. Pourtant tu as pris celle-là dans tes bras.

— C'est vrai, dit l'autre. Mais je l'ai déposée par terre, et toi tu la portes toujours. »

Une fois que vous posez par terre ce que vous avez porté, vous pouvez continuer votre chemin librement, sans culpabilité ni obstacles. Physiquement, il est facile de déposer une femme sur le sol, mais plus difficile de se défaire des pensées et des fantasmes qu'elle éveille en vous. Mais plus nous posons notre bagage intérieur, plus notre voyage à travers la vie sera léger et libre.

Accueillons ce qui vient, ne poursuivons pas ce qui s'éloigne

En cessant de vous agripper à la vie et en la laissant suivre son cours, non seulement vous recevez de nombreuses surprises merveilleuses, mais vous faites le plein d'énergie et de sérénité.

Quoi qu'il entre dans votre univers aujourd'hui, même si c'est imprévu et si cela ne paraît pas souhaitable, faites-lui bon accueil. Ne le repoussez pas. Au contraire, remerciez-le d'être là. Ainsi, vous vous rendrez disponible pour vivre de manière toute différente ce qui se présente.

Quelque chose s'éloigne ? Ne vous y accrochez pas. Laissez-le partir, remerciez-le pour le temps que vous avez

passé ensemble et offrez-lui la liberté de partir, sans culpabilité, sans tristesse ni peur. C'est faire là un très grand don.

Quand il est temps que quelque chose parte, laissez-le s'en aller. Rendez-lui hommage. Vous ne pouvez pas changer les cycles naturels ni le rythme de la vie. En prenant conscience que ce qui se présente à vous est temporaire, que la vie n'est qu'un flux, vous vous évitez bien de la peur et de la souffrance.

Devenir complet

Prenez tout votre temps pour boire votre tasse de thé.

Enseignement lojong, bouddhisme tibétain

Il est difficile de laisser partir un être aimé lorsqu'on se sent incomplet, qu'on a l'impression d'avoir oublié de dire ou de faire quelque chose. Peut-être nourrissiez-vous au sujet de cette relation des rêves qui ne se sont pas réalisés. Ou peut-être n'étiez-vous pas pleinement présent dans celle-ci, ne l'avez-vous pas vécue à cent pour cent, n'avez-vous pas donné tout ce que vous pouviez – ni tout reçu en retour. C'est notamment douloureux lorsque sonne l'heure de la mort. D'aucuns disent que ce n'est pas mourir qui est dur, mais quitter une vie qui n'a pas été vécue.

Quand vous avez vécu votre vie pleinement, que vous avez goûté chaque expérience, vous vous sentez satisfait et complet. Vous avez bu votre tasse de thé jusqu'à la dernière goutte. Ainsi, lorsqu'il sera temps de partir, vous ne pleurerez pas ce que vous aurez laissé inachevé. Et vous serez prêt pour ce que le moment suivant apportera.

Alimenter le fantôme vorace

Certains sont incapables de se sentir comblés et complets. Ils désirent tant que, quoi qu'ils aient, ils ne sont jamais satisfaits. C'est ce que l'on appelle être un fantôme vorace, en proie à l'avidité. Si un fantôme vorace est invité à un banquet, il goûte tous les plats, s'empiffre mais reste incapable de savourer et de digérer le repas délicieux qu'on lui sert. Il aura beau se gaver, il ne connaîtra jamais la satiété.

De même, quand un fantôme vorace est invité au banquet de la vie, il est incapable d'apprécier ou de digérer ses expériences. Un fantôme vorace est avide de nourriture, d'amour, d'argent, de sexe, de reconnaissance, et j'en passe. Quoi qu'on lui offre, il veut davantage. Il ne comprend pas que c'est justement sa gloutonnerie qui cause sa souffrance. Plus il accumule, plus il écrase ce qu'il tient dans sa main. Dès que vous apprendrez à lâcher prise, au lieu de chercher à satisfaire vos besoins, votre faim et votre peur vont commencer à diminuer.

La maladie de l'esprit

Séparer ce qui nous plaît
de ce que nous détestons
est la maladie de l'esprit.

Sosan, maître zen

En nourrissant vos envies, vous devenez prisonnier du désir de chercher tout ce qui est bon et de vous y accrocher, et vous rejetez tout ce qui paraît menaçant. Dès que vous trouvez ce qui vous plaît, vous vous attachez ; confronté à ce que vous détestez, vous le repoussez de toutes vos forces. Vous gaspillez ainsi votre précieuse énergie à vous débarrasser de la moitié de votre expérience et à vous cramponner à l'autre, et devenez de ce fait complètement dépendant des conditions extérieures pour connaître un sentiment de bien-être. Le soleil brille, vous êtes ravi ; l'orage éclate, votre joie de vivre s'envole. Telle une feuille agitée par le vent, vous êtes incapable de vous détendre : vous êtes toujours sur vos gardes dans la crainte de ce qui va suivre. Comme les êtres et les circonstances changent constamment, vous n'avez aucune idée de ce à quoi vous pouvez vous accrocher et où trouver un vrai havre de paix.

> Un disciple vint voir son maître de méditation et lui dit : « J'ai du mal à méditer, je suis distrait, mes jambes me font mal et je ne cesse de m'endormir.
> — Cela te passera », répondit le maître avec détachement.
> Une semaine plus tard, le disciple revint le voir.
> « Je médite merveilleusement bien ! Je me sens si conscient, si apaisé, si vivant ! C'est magnifique.
> — Cela te passera », répondit le maître avec détachement.
>
> Enseignement zen

Peut-être pensez-vous qu'une chose douloureuse est néfaste pour vous et qu'une chose agréable est positive. Faux. Peut-être rejetez-vous quelque chose qui pourrait avoir un sens parce que cela vous met mal à l'aise. Peut-être restez-vous attaché à quelque chose de nuisible tout simplement parce que c'est familier. Il est impossible de prendre conscience de ce qui est vraiment bénéfique quand on vit ainsi.

Notez : Que poursuivez-vous sans relâche et à quoi vous cramponnez-vous désespérément ? Qu'est-ce que vous évitez, rejetez, tenez à distance systématiquement ? Voyez-vous les ravages que cela vous cause ? Cette façon d'être vous apporte-t-elle confort, sécurité ou bonheur ? Soyez honnête avec vous-même. Un peu d'honnêteté, rien d'autre n'est nécessaire pour l'instant.

Dès que vous commencez à lâcher prise, à ouvrir les mains, votre esprit, votre cœur, vous inversez ce schéma vieux comme le monde. Vous commencez à voir que vous ne pouvez pas tout juger à l'aune de ce que vous aimez ou détestez. Vous ne pouvez pas fonder votre vie là-dessus. Il arrive souvent que vous détestiez quelque chose parce que vous ne savez rien à son sujet, et que vous reculiez devant quelque chose qui est peut-être tout à fait bon. En outre, ce que vous aimez et détestez ne cesse de changer. Une chose que vous avez adorée peut vous répugner un jour.

En travaillant à vaincre la peur, ne séparez pas ce que vous aimez de ce que vous détestez ; abstenez-vous de poursuivre une chose et d'en rejeter une autre. Efforcez-vous plutôt d'ouvrir lentement votre esprit et vos mains.

> Dans sa jeunesse, Dôgen, un grand maître zen, se rendit en Chine pour étudier le zen. Il y passa de nombreuses années avant d'entreprendre le périlleux voyage qui le ramènerait chez lui. À son arrivée au Japon, on vint en foule lui demander ce qu'il avait appris au monastère. Voici quelle fut sa réponse : « Je suis rentré avec rien d'autre que des mains vides. »

Des mains vides sont un don du ciel. Quand vos mains sont vides, qu'elles ne tiennent rien, elles deviennent souples et disponibles. Elles sont capables de sentir, de toucher, de se tendre vers autrui, de donner et de recevoir en échange. Les mains ouvertes de Dôgen étaient disponibles pour tout ce qu'offre la vie. Il ne s'accrochait pas à ce qu'il aimait tout en repoussant le reste. Il était prêt à tout accepter.

Videz vos mains. À quoi vous accrochez-vous ? Pouvez-vous ouvrir les mains un instant et lâcher prise ? Êtes-vous capable de cesser de vous agripper à ce que vous désirez et de repousser ce qui vous déplaît ? Regardez-vous ouvrir les mains et lâcher prise. Regardez-vous ouvrir le poing que vous avez peut-être serré pour combattre ou rejeter une partie de la vie. Arrêtez de combattre et acceptez-la.

AU LIEU DE REJETER LA VIE, REJETEZ LA PEUR

Au plus profond de nous-mêmes, nous n'autorisons pas la vie à être telle qu'elle est. Nous la jugeons, nous la condamnons, nous la refusons. La peur adore abîmer la vie. N'acceptez pas ses souhaits destructeurs. Rien de bon ne sort jamais du fait de nuire. Dégagez-vous de cette activité. Affirmez un autre désir. Quand le désir de blessure ou de rejet s'empare de vous, prenez conscience qu'il ne vous appartient pas. Il appartient à la peur. Rien ne vous oblige à la suivre dans sa folie.

AFFRONTEZ LA PEUR ET DITES-LUI NON.
AU LIEU DE REJETER LA VIE, REJETEZ LA PEUR.

Apprendre à dire non est un des remèdes les plus puissants contre la peur. Vous pouvez en faire bien des usages. À compter de cet instant, dites non aux attachements malsains. Exercez-vous à ouvrir vos mains, votre esprit, votre cœur. Ce faisant, vous recouvrez souplesse, spontanéité et véritable sécurité. Dites non à la raideur. Une fois que vous aurez ouvert vos mains et lâché prise, vous serez ébahi de voir tous les êtres nouveaux et merveilleux, les expériences neuves et la liberté intérieure qui entreront dans votre vie.

Dans un étonnant conte zen, un grand maître était capable de lâcher entièrement prise. Quand une chose venait à lui, il l'accueillait, quand cette chose partait, il ne la poursuivait pas :

> Il était une fois un grand maître qui habitait un petit village où il était très respecté. Il passait son temps seul à méditer. Les villageois, qui le considéraient comme un saint, lui apportaient de la nourriture, entre autres offrandes. Tout le monde disait le plus grand bien de lui. Il vivait simplement en toute sécurité.
>
> Soudain, un jour, une jeune femme du village se retrouva enceinte et le père de l'enfant, qui ne se sentait prêt ni à être père, ni à s'occuper d'elle, annonça qu'il allait partir. Sans personne vers qui se tourner, au désespoir, la jeune femme fit croire aux villageois que le grand maître était le père du bébé. Quand celui-ci l'apprit, il se contenta de dire : « Vraiment ? »
>
> Les villageois étaient horrifiés. Leurs sentiments à l'égard du maître changèrent du tout au tout. Ils se rembrunissaient quand on mentionnait son nom. Ils disaient du mal de lui et cessèrent de lui rendre visite et de lui apporter à manger. Quand le maître apprit qu'on le calomniait, il se contenta de dire : « Vraiment ? »

Après la naissance du bébé, la jeune femme l'apporta au maître et lui dit : « Prends ton bébé. »
« Vraiment ? » répondit le maître en ouvrant les bras à l'enfant.
Le maître s'occupa de l'enfant avec un grand dévouement pendant plusieurs années. Soudain, un jour, le vrai père rentra au village. Il avait des remords d'être parti et désirait être réuni avec la jeune femme et le bébé pour prendre soin de tous deux. Ravie, la jeune femme révéla la vérité à tout le village. Le jeune homme et elle allèrent voir le maître pour récupérer l'enfant.
« Vraiment ? » dit le maître en rendant gentiment l'enfant à ses parents.
Les villageois ne tarissaient plus d'éloges sur le maître à présent. Leur visage s'éclairait lorsqu'ils l'évoquaient. Ils revinrent lui apporter offrandes et nourriture.
« Vraiment ? » dit le maître en les acceptant avec bonté.
Ce grand maître restait imperméable à l'éphémère, aux louanges comme aux reproches, il ne craignait ni de recevoir, ni de perdre. Ne connaissant pas la peur, il était tout aussi capable d'accepter ce qui venait à lui que prêt à s'en détacher le moment venu.

« Vraiment ? » est un exercice. C'est une manière de réagir aux événements bons ou mauvais, à ceux qui apportent du plaisir comme à ceux qui causent de la souffrance. Plutôt que de sauter sur les montagnes russes de la vie, de se réjouir des frissons que cela procure et de s'effondrer une fois le tour de manège terminé, le maître restait pleinement concentré sur son être intérieur et n'autorisait pas l'éphémère à le dominer. Il savait que tout n'est que passager, que le bien devient le mal, le mal, le bien, que le plaisir se transforme en douleur et la douleur en plaisir. En restant concentré, en se contentant d'observer toute la vie avec intérêt, en acceptant et en accueillant tout ce qui pouvait survenir, il ne craignait rien. Il ne recherchait pas les louanges et ne redoutait pas les critiques. Ne se cramponnant à rien, il était complètement en sécurité, capable d'aimer pleinement, de prendre soin de ce qui venait à lui et de s'en séparer quand il le fallait.

Repérer la peur

Si vous examinez de plus près le comportement de ce grand maître, il vous sera facile de voir les causes de la peur et la façon de s'en libérer. Dans le cas présent, s'il s'était battu pour défendre sa réputation, s'il avait eu de la haine et du ressentiment à l'encontre des villageois qui avaient cessé leurs offrandes, sa souffrance n'en aurait été que plus intense. Il refusa la haine, le blâme et le ressentiment, tout ce qui alimente la peur.

Si le grand maître avait repoussé l'enfant que la jeune femme lui confiait ou chassé cette dernière, non seulement il aurait pensé sans cesse à eux mais il aurait suscité une bien plus grande consternation dans le village et aurait vécu dans l'opprobre. En acceptant tout ce qui venait à lui, il vécut dans l'harmonie, empêchant ainsi la peur de se manifester chez les autres et lui-même.

Le moment venu de lâcher prise, si le grand maître s'était accroché à l'enfant et avait refusé de le remettre à ses parents, s'il n'avait pas su rendre les dons qu'on lui avait faits, de nouveau la douleur et la peur auraient régné. Sachant que rien ne lui appartenait, que tout n'était que passager, il réussit à se débarrasser de l'emprise de la peur et à conserver son équilibre.

Le grand maître avait appris à vivre avec des mains ouvertes. Il savait que tout n'est qu'éphémère dans la vie. Cette vérité ne le rendait pas triste, elle lui permettait de vivre dans l'émerveillement et dans la sérénité. Plutôt que de s'attacher à un résultat particulier, il laissait la vie suivre son cours. Il n'exigeait pas d'elle qu'elle prenne une tournure bien précise. Il n'était pas attaché à une idée de son rôle dans la vie, des honneurs qui lui étaient dus, de son importance et de ce qu'il méritait. Sa renonciation à tout attachement ne signifie pas qu'il était incapable d'aimer. En fait, c'est seulement en lâchant prise qu'il était pleinement en mesure de s'abandonner. De se donner. Le grand maître avait trouvé un vrai havre qui ne pourrait jamais être menacé.

Échapper à la peur

Le grand maître était-il un surhomme ? Loin de là. Il était aussi humain que vous et moi – seulement il comprenait les principes fondamentaux de la sérénité et il vivait dans leur lumière. Vous aussi vous pouvez vous initier à ces principes et les pratiquer quotidiennement. Ce livre est là pour vous apprendre à vaincre la peur. Chaque exercice, suggestion ou affirmation de vérité jette davantage de lumière dans les ténèbres que n'en crée la peur. Il vous suffit d'entretenir cette lumière.

Quand la peur arrive, arrêtez-vous, regardez-la, inspirez-la puis expirez-la. Utilisez un des exercices auxquels vous êtes sensible et faites-le aussitôt. Les moyens de s'échapper, les fissures dans le mur ne cesseront de s'agrandir, et les assauts de la peur de s'affaiblir. Les mensonges qu'elle raconte s'évanouiront.

Alex avait commencé à échapper à la peur et à s'ouvrir à la vie. Les gens se montraient plus disponibles pour lui ; il savait comment réagir et, la plupart du temps, il se sentait bien. Puis, soudain, il se figea. Tout était devenu bien trop facile ; il eut envie de s'accrocher aux choses telles qu'elles étaient un peu plus longtemps. Il se réfugia dans la pseudo-sécurité de la fuite. Mais il avait goûté quelque chose de différent. Sa fuite ne dura pas longtemps. Au plus profond de lui-même, il savait qu'il y avait une porte de sortie.

Qu'y a-t-il de si effrayant à échapper à la peur ? En la laissant partir, peut-être vous demandez-vous ce qui va vous protéger. Vous êtes convaincu que plus vous aurez peur, mieux vous saurez repérer le danger. Moins vous changerez les choses, plus la vie sera stable.

Faux ! C'est tout le contraire. La peur vous fige et, en vous raidissant, vous devenez plus mort que vivant. Un cadavre est rigide. Un être vivant est souple, spontané, il s'adapte au flux du changement, il est capable de donner et de prendre librement… d'ouvrir les mains et de lâcher prise.

À quoi vous accrochez-vous comme si votre vie en dépendait ? Pour l'instant, contentez-vous de le remarquer. Remarquez en quoi vous refusez le changement. Quel retentissement cela a-t-il sur ceux que vous aimez ? sur vous ? Prenez-en note.

En refusant de lâcher prise, vous luttez contre la force du changement. Bien sûr que cette force va gagner. Personne ne peut arrêter les marées. Personne ne peut empêcher le soleil de se lever le matin et de se coucher le soir. Qui irait gaspiller sa précieuse énergie à ces fins ? Et pourtant, nous luttons contre le flot des événements, des gens, des croyances, des pensées et des désirs qui nous submerge et qui refluera tout naturellement. Nous nous insurgeons contre nous-mêmes, les autres et Dieu. Nous jurons de ne plus jamais aimer ni nous attacher. C'est sans aucun doute une forme de folie, alimentée par la peur.

La peur aime la folie. Elle l'enseigne, elle est la folie incarnée. Elle jette le trouble dans l'esprit. Cependant, chaque fois que vous repérez la folie, vous retrouvez votre santé mentale. Il est imprudent de vivre de manière folle, et stupide de refuser d'affronter la réalité dans laquelle on vit. Le faire est incompréhensible. T. S. Eliot a superbement décrit cette condition : « Les êtres humains sont incapables de supporter beaucoup de réalité. »

Pourquoi ? Parce que la peur a envahi tout notre être. Nous ne sommes ainsi même pas capables de goûter la réalité qui nous libérerait de cette prison.

> Un vieux conte chinois raconte l'histoire d'une femme dont le fils unique venait de mourir. Dans son chagrin, elle alla demander conseil au saint homme : « Quelles prières et incantations connaissez-vous qui pourraient ramener mon enfant à la vie ? » Il lui répondit simplement : « Apporte-moi une graine de moutarde venant d'un foyer qui n'a jamais connu le chagrin. Nous l'utiliserons pour chasser le chagrin de ta vie. » La femme partit aussitôt en quête de cette graine de moutarde magique.
> Elle arriva devant une splendide demeure, frappa à la porte et dit : « Je cherche un foyer qui n'a jamais connu le chagrin. Suis-je au bon endroit ?
> — Hélas ! » lui répondit-on. Et on lui raconta tous les événements tragiques qui venaient de s'abattre sur ce lieu.

La femme se dit : « Qui est mieux placé que moi pour aider ces pauvres gens, moi qui ai connu une telle tragédie ? » Elle les réconforta et reprit sa quête. Mais, où qu'elle allât, qu'il s'agît de taudis ou de maisons magnifiques, elle ne récolta qu'histoires de tristesse et de malheur. Elle donna tant d'elle-même pour secourir ces malheureux dans la peine qu'elle finit par oublier sa quête de la graine de moutarde magique, sans jamais prendre conscience qu'en prodiguant ses soins aux autres elle avait chassé le chagrin de sa vie.

La réalité est entièrement positive

Malgré les fausses rumeurs que colporte la peur, la réalité est entièrement positive. Cela vous surprend ? On vous a appris que la réalité était dangereuse et la peur positive. Tordez le cou à cette ineptie. Comment pourriez-vous survivre, grandir, prospérer, aimer, rire, faire vos dévotions si la réalité dans laquelle vous êtes né n'était pas entièrement positive ? Comment seriez-vous capable de voir la beauté, de vous restaurer quand vous avez faim, de tenir la main d'un ami ? Qui a transformé ce banquet en un repas maigre ? Qui donc regarde la vie d'un œil malveillant ?

Découvrez les aspects positifs de la vie, voyez ce qu'elle vous a apporté, comment elle vous a soutenu, nourri. L'avez-vous remerciée ? Lui avez-vous apporté soutien et nourriture ? Avez-vous accepté les immenses dons offerts ou leur avez-vous tourné le dos ?

La pulsion du rejet de la vie

La pulsion de répétition s'accompagne de ce que j'appelle la pulsion de rejet de la vie. Vous rejetez la vie de bien des manières et ensuite vous avez le sentiment qu'elle vous rejette. Ce qui alimente principalement la pulsion du rejet de la vie n'est autre que le refus d'affronter la réalité. Vous n'imaginez pas à quel point vous serez heureux une fois que vous aurez inversé ce processus.

Nous refusons de goûter à la réalité parce que, souvent, nous redoutons de goûter à quelque chose de merveilleux qui disparaîtra aussitôt. Mais un goût chasse l'autre. Et chaque goût est délicieux, tant qu'on se garde de le comparer avec celui qui précède ou avec celui qui suivra. Il ne faut pas craindre l'éphémère mais lui ouvrir les bras et y prendre plaisir.

Nous ne sommes ici-bas que pour un temps limité. Cela peut soit éveiller la peur, soit donner l'envie de vivre une vie belle et lumineuse. Le comprendre peut rendre chaque jour plus précieux et donner sa vraie place à ce qui importe. En affrontant et en acceptant l'éphémère, on se délecte de chaque rencontre. Surtout, cette acceptation peut renforcer votre volonté de ne pas autoriser la peur à réquisitionner le temps précieux qui vous est donné.

On ne peut pas se protéger de ce caractère éphémère. C'est là une vérité fondamentale de la vie. Une fois qu'on l'a comprise et adoptée pleinement, tout commence à changer. Nous fuyons la peur de l'éphémère en nous accrochant, en refusant de lâcher prise. Nous nous cachons en rendant tout indéracinable et important, comme si notre vie en dépendait. Nous agissons comme si notre vie dépendait des relations que nous nouons, de l'argent, de notre statut, de nos réussites. Cela ne fonctionne pas. Notre vie dépend d'autre chose. Une fois que vous aurez découvert de quoi la vôtre dépend vraiment, vous serez complètement libéré de la peur.

Ce monde éphémère

Ainsi songeras-tu à ce monde éphémère.
Une étoile à l'aube, une bulle sur la grève,
Un éclair dans un nuage d'été,
Une lampe qui vacille, un fantôme, un rêve.

Sûtra du diamant

Le changement et la perte sont vos professeurs. Quand vous vivez des pertes difficiles, prenez-les comme une occasion d'approfondir votre volonté de devenir réellement disponible pour votre entourage. Prenez-les comme une occasion d'exprimer l'amour que vous gardez en vous. Dans l'entretien qui suit avec Sue Matthews, la belle et courageuse mère de Taylor Matthews, on voit l'illustration de ces principes.

> Ma fille magnifique et vibrante de vie, Taylor, avait onze ans en 2003 quand je l'ai conduite chez le médecin pour un examen de routine et que nous avons découvert à notre grande horreur une grosse tumeur entre ses côtes. Peu après nous avons appris que le cancer s'était métastasé. Il était partout. On ne donnait plus à Taylor que trois mois à vivre.
>
> Le ciel nous est tombé sur la tête. Je me suis installée à l'hôpital où j'ai vécu, respiré et dormi à son chevet. Nous allions tout tenter. Entourée de prières

et d'amour, Taylor a subi des opérations, de la chimiothérapie, des rayons, tout.
Je ne savais pas du tout comment j'allais pouvoir tenir le coup, affronter cette épreuve terrible, mais Taylor me l'a appris. Jamais elle ne s'est découragée. Jamais je ne l'ai entendue se plaindre. Elle prenait ce qui venait et elle n'avait pas la moindre intention de laisser le cancer la terrasser ou l'empêcher de vivre pleinement. Quand la tristesse m'envahissait, elle me racontait une blague ou une histoire passionnante pour me changer les idées. Taylor adorait la vie et elle avait bien l'intention de la vivre à fond, quel que soit le temps qui lui restait. Elle ne cessait de me répéter : « Maman, cette vie mérite d'être vécue. »
Nous sommes tous devenus une partie d'une nouvelle famille – les enfants et les parents du service d'oncologie. Taylor adorait ses amis et ses compagnons de tous les instants, elle parcourait les couloirs en tirant sa perche de perfusion, toujours en quête de quelqu'un avec qui jouer, à qui remonter le moral. Elle détestait voir les enfants rester au lit, tristes, le nez collé à la télé. Elle organisait des jeux en parcourant les couloirs dans son fauteuil roulant. Il y avait tant à faire, tant à apprécier.
Malgré son jeune âge, elle aussi a connu le deuil. Elle a vu mourir nombre de ses petits amis. Cela n'a fait que renforcer sa détermination de trouver un moyen de leur venir en aide. Elle s'est mise à dessiner des bracelets pour les vendre et faire don de l'argent ainsi récolté à la recherche pour le cancer en pédiatrie. Ensuite elle a créé une fondation. Elle a organisé des défilés de mode, des événements

et toutes sortes d'activités pour réunir des fonds. Dans les cinq années qui ont suivi, sa fondation a recueilli près d'un million de dollars. Elle ne parlait que d'une chose, aider les autres.

Taylor refusait de se considérer comme une malade. Même quand son traitement la faisait vomir, elle continuait à faire ce qui lui tenait à cœur. Et elle n'a jamais perdu son côté espiègle. Un jour, après une opération lourde des poumons, on lui a dit de parcourir deux fois l'étage dans la journée. Elle obéit, une fois. À leur arrivée, les infirmières de nuit vinrent vérifier qu'elle avait bien respecté les ordres. En apprenant la vérité, elles insistèrent pour qu'elle se lève et recommence.

« Quitte à marcher, autant sortir de l'hôpital », dit-elle à son père. Elle se leva et fonça vers l'ascenseur. Son père et elle filèrent manger des glaces chez Ben and Jerry's à l'angle de York Avenue et de la 62e Rue.

Une autre fois, quatorze jours après une arthrodèse, Taylor annonça : « Je pars faire du ski nautique avec ma sœur.

— Du ski nautique ? Quatorze jours après l'opération ? Tu viens juste de subir une arthrodèse. C'est impossible.

— Et pourquoi donc ? »

Dans son monde, rien n'était impossible. Je ne voulais pas être celle qui l'arrêterait. Aussi lui dis-je : « Demande au médecin. »

Je pensais qu'il lui dirait à quel point l'idée était folle, mais, consulté, son chirurgien lui répondit à ma stupéfaction :

« Taylor, si tu t'en sens capable, fonce. »

Elle partit donc faire du ski nautique, et passa quelques jours merveilleux.

Taylor n'acceptait pas que la maladie soit au centre de sa vie. C'était un fait, un désagrément, un truc à traiter tout en multipliant les activités passionnantes. Malgré la chimiothérapie, les rayons et leurs effets, elle n'a jamais cessé de venir en aide à autrui, de travailler à sa fondation, ou de s'amuser. Malgré son diagnostic pessimiste, elle a gagné contre toute attente. Entre l'âge de douze ans et demi et quatorze ans et demi, elle a connu une rémission. Elle a vécu cinq ans, jusqu'à l'âge de seize ans, et non trois mois comme on le lui avait prédit.

Pendant ces cinq précieuses années, Taylor a vécu pleinement. Quand elle n'était pas à l'hôpital, elle allait en cours, passait du temps avec ses amis. Elle eut un petit ami merveilleux, Jason, qu'elle adorait et qui le lui rendait bien. Elle a conduit une décapotable, passé son examen d'entrée à l'université et, deux semaines avant sa mort, elle a retiré sa sonde nasale d'oxygène pour se rendre à l'entretien de l'université Brown. Après l'entretien, à bout de souffle, elle a remis sa sonde, triomphante d'avoir réussi. Taylor n'imaginait pas une seconde que la fin fût si proche. Elle pensait vraiment entrer à l'université. Elle ne s'intéressait qu'à l'avenir.

Elle ne nous a parlé qu'une fois de la mort. Au début. Elle mangeait une pizza avec son père quand elle lui demanda : « Papa, est-ce que je vais mourir ?

— Tout le monde meurt, lui répondit son père. C'est dans l'ordre des choses. »

Extrait d'un entretien inédit de l'auteur
avec Sue Matthews

Il est vrai que tout le monde meurt, mais qui vit ? Qui vit aussi pleinement que l'a fait Taylor ?

MOMENT CLÉ

On ne se baigne jamais deux fois dans le même fleuve

Admettez la fugacité de la vie. Faites la paix avec elle. Passez votre temps à observer les changements qui se produisent naturellement et ouvrez les bras à leur beauté. Voyez comment chaque changement apporte quelque chose de nouveau.

Exercez-vous à apprécier le changement, à l'accueillir dans votre vie. Si vous voyez des attentes catastrophiques pointer le nez, dites-leur non. Concentrez-vous sur ce que la vie vous donne. Prenez conscience que ces attentes ne sont que la peur qui se manifeste, qui s'efforce de se maintenir en vie.

PRINCIPE 3

Reconnaître les voix intérieures

Où est la route d'Hanshan ?
Il n'y a pas de route d'Hanshan.

Proverbe zen

L'imprévu désarçonne. Surpris et effrayé par un changement brutal, on a l'impression que le monde a cessé d'être sûr. Quelle catastrophe va encore me tomber dessus ? À qui puis-je vraiment me fier ? Vous avez le sentiment de ne pouvoir compter ni sur les autres… ni sur vous-même. Une fois les certitudes ébranlées, il est parfois difficile de déterminer ce qui est réel et ce qui ne l'est pas. À ce point, rien n'est plus facile que de se réfugier dans les fantasmes. En vérité, bien qu'ils paraissent réconforter, ils nous coupent de la réalité, des solutions possibles et de la véritable sérénité.

Mirages et rêves

Nous vivons tous dans le monde des fantasmes, automatiquement et inconsciemment. Dès que survient une difficulté – un désir non exaucé, une relation menacée –, nous nous réfugions dans les fantasmes afin de retrouver l'équilibre et la maîtrise de notre univers.

Ces fantasmes ont de nombreuses fonctions. De prime abord, ils paraissent réconforter, panser les plaies, nous calmer momentanément et nous donner la sensation que tout va bien. Certains expliquent ce qui aurait pu se passer. D'autres apportent des issues souhaitées, comme si vous aviez la situation en main et que vous déteniez la victoire. Généralement, dans vos fantasmes, vous êtes gagnant. Vous rencontrez l'amour auquel vous aspirez, retrouvez votre amour-propre, vous vous débarrassez de vos ennemis.

Dans d'autres, vous êtes la malheureuse victime. Ces fantasmes renforcent les sentiments négatifs, déforment la réalité de ce que vous êtes et de ce qui se passe vraiment.

Ce conte soufi montre ce qu'a de négatif le fait de vivre dans les fantasmes et les fausses attentes.

> Ne roulant pas sur l'or, une femme du nom de Truhana était obligée d'aller chaque année vendre du miel au marché. Son pot de miel posé sur la tête, elle calculait la somme que la vente lui rapporterait. « D'abord, je vais vendre le miel et j'achèterai des œufs. Ensuite je placerai les œufs sous mes grosses poules brunes et bientôt des tas de poussins naîtront. Ces poussins deviendront vite des poules et, en les vendant, je pourrai acheter des agneaux. »
> Ensuite Truhana se mit à imaginer qu'elle deviendrait plus riche que ses voisins et qu'elle pourrait marier ses fils et ses filles à de beaux partis.
> Avançant péniblement sous le soleil brûlant, elle voyait déjà ses charmants gendres et belles-filles et entendait les gens s'extasier sur sa richesse, elle qui avait été autrefois si pauvre.

Sous l'influence de ces pensées agréables, elle se mit à rire de bon cœur et à se recoiffer quand, soudain, elle fit tomber le pot qui s'écrasa par terre. Le miel n'était plus qu'une masse gluante sur le sol.
Truhana sombra aussitôt dans un désespoir aussi profond que l'avait été sa joie, en voyant ses rêves envolés et en comprenant qu'ils n'étaient qu'illusion.

Vivre dans le fantasme est dangereux. Si, initialement, ils semblent réconforter, ils s'appuient en fait sur la peur. En vous éloignant de la réalité, en vous faisant placer toute votre énergie dans des illusions, ils vous empêchent d'affronter ou de régler la situation qui vous a bouleversé. Concrètement, puisque vous ne vous en occupez pas, la situation s'intensifie, pourrit et s'envenime.

Pensez à une situation que vous ne vous sentez pas capable de gérer. Par quel genre de rêves, de fantasmes et de mirages la remplacez-vous ? Que vous apportent-ils vraiment ? Est-ce que grâce à eux votre vie change ou s'améliore ? Êtes-vous seulement conscient des instants où vous êtes plongé dans un rêve ?
Votre fantasme préféré est-il agréable ou vous rend-il craintif ? En vous penchant sur vos fantasmes habituels, vous en apprendrez davantage sur ce que vous vous refusez à affronter, sur votre peur. Une fois que vous aurez découvert le problème sous-jacent, affrontez-le et gérez-le de manière constructive, et vos fantasmes s'évanouiront.

Un fantasme n'est rien qu'un fantasme

Les fantasmes peuvent prendre une telle intensité qu'ils en paraissent réels. Quand vous les faites défiler en boucle, ils finissent par donner l'impression d'être de vieilles connaissances. Dès lors, vous risquez de négliger les nombreux avertissements, signes et messages que la vie vous envoie à propos de la réalité de la situation à laquelle vous êtes confronté. Puis, quand les choses s'aggravent, quand la dure réalité apparaît et que vous êtes soudain licencié, que votre relation prend brusquement fin, le choc peut être énorme. Vous n'imaginiez pas une seconde que cela allait vous tomber dessus parce que vous n'étiez tout simplement pas disponible pour entendre ou voir ce qui se passait dans votre propre vie.

Lou, qui était fou de Mara, l'entendit dire qu'elle l'aimait en retour. Sur son petit nuage, il annonça à ses amis que les fiançailles étaient proches. Lou n'avait pas vraiment entendu ce que Mara lui disait, ni le ton qu'elle employait. En réalité, Mara lui avait dit non sans tristesse qu'elle pourrait l'aimer un jour si elle avait le sentiment qu'il était prêt à apprendre à l'écouter et à comprendre ce qu'elle ressentait. Dans le fond, elle lui faisait savoir qu'à son avis ce jour n'arriverait jamais et que cela la rendait triste.

Quand une relation prend soudain fin, tant de personnes disent à leur partenaire : « Je t'ai dit maintes et maintes fois ce que je ressentais et tu ne m'as jamais entendu(e). Tu restais sourd(e). »

Devenir sourd et aveugle

En détournant votre attention de la véritable situation, les fantasmes vous rendent sourd et aveugle. Peu importe ce qui est devant vous, vous êtes incapable de le voir. Peu importe ce qu'on vous dit, vous ne l'entendez pas. Vous n'entendez qu'une partie de ce que l'on vous communique et vous déformez le reste. Vos fantasmes filtrent l'information, rejettent ce qui ne correspond pas à vos désirs.

Pour vaincre la peur, il faut acquérir la capacité de reconnaître ce que la réalité apporte, au lieu de se perdre dans un mirage. Dès que vous serez capable d'admettre ce qui se passe, vous trouverez en même temps des moyens réels de répondre à ce que l'on réclame de vous.

Le conte d'Idries Shah à propos du sage soufi Nasrudin montre à quel point on peut se tromper sur la réalité :

> Nasrudin alla voir un homme riche.
> « Donne-moi de l'argent, lui dit-il.
> — Pour quoi faire ? lui demanda l'homme riche.
> — Je veux acheter un éléphant.
> — Si tu n'as pas d'argent, tu n'as pas les moyens d'entretenir un éléphant, répondit l'homme riche.
> — Je suis venu ici pour solliciter de l'argent, non des conseils. »

Chaque jour la réalité apporte tant d'occasions à saisir, de conseils et de cadeaux inattendus. Êtes-vous prêt à les recevoir ou êtes-vous perdu dans un fantasme au sujet de ce qui devrait se produire, de la manière dont le monde devrait vous traiter ?

Dressez une liste des situations sous-jacentes qui ont besoin d'être gérées dans votre vie. Le simple fait d'en prendre conscience et de les écrire noir sur blanc vous permettra d'évacuer la peur qu'elles vous inspirent. Quand vous refoulez et dissimulez des besoins, la peur ne s'en va pas – elle se renforce au contraire.

Le comportement obsessionnel compulsif

Quand les fantasmes prennent le pouvoir, la pensée obsessionnelle n'est pas loin. Les pensées répétitives, obsessionnelles visent à vous embrouiller. Quand vous êtes aux prises avec des pensées obsessionnelles – dans une tentative pour accepter les coups que vous avez reçus ou pour vous assurer que tout se passera selon vos désirs à l'avenir –, votre esprit ne cesse de rejouer les mêmes événements sans jamais trouver une solution.

La pensée obsessionnelle se transforme naturellement en comportement obsessionnel compulsif. Plutôt que d'affronter le fait que vous ne maîtrisez plus rien, vous adoptez des comportements et des rituels répétitifs afin de créer un sentiment de stabilité et de sécurité. Le prix à payer est colossal : les comportements répétitifs non seulement limitent votre vie, mais ils exigent un temps et une énergie énormes. Non seulement ils vous privent de votre liberté, mais le sentiment de sécurité qu'ils engendrent est fragile. Dès que vous n'appliquez pas un certain rituel ou n'adoptez pas un certain comportement, la culpabilité ou la peur se manifestent de nouveau.

> *Lisa ne pouvait pardonner ni à son père ni à elle-même les mauvais traitements qu'il lui avait fait subir. Elle n'avait pas non plus la moindre idée de la manière dont elle pouvait se purifier ou retrouver son estime de soi. Au début, elle se mit à se laver les mains après chaque repas, ce qui lui donnait la sensation de se débarrasser de sa honte. Très vite, cet acte ne suffit plus ; elle se mit à se laver les mains entre les repas. Elle en tirait encore plus de satisfaction, mais dès qu'elle oubliait de le faire, l'angoisse la saisissait. Bien-*

tôt elle fut également obligée de se laver chaque fois qu'elle était dehors, en public. La compulsion commençait à contrôler sa vie et elle se sentait terrifiée en cas d'oubli. Elle ne parvenait pas à comprendre pourquoi plus elle se lavait, plus cela lui était nécessaire.

Les rituels obsessionnels compulsifs apaisent provisoirement l'angoisse. Toutefois, tant qu'on n'a pas affronté la source de l'angoisse et qu'on ne s'en est pas libéré, elle reste tapie sous la surface. La compulsion de Lisa était une défense contre les sentiments qu'elle avait associés aux mauvais traitements. Elle ne savait pas comment s'en libérer et lavait symboliquement la douleur qu'elle ressentait. À long terme, quand le comportement obsessionnel et les rituels prennent le pouvoir, ils limitent notre vie et alimentent des dépendances en tout genre. Ils finissent par provoquer plus d'angoisse et de perte de contrôle.

Chacun de nous cherche plus ou moins à contrôler la peur par le biais de fantasmes, de routines, de rituels et d'automatismes qui s'ancrent en nous. Plus nous y donnons libre cours, plus la réalité paraît effrayante et moins nous sommes capables de réagir efficacement. Mais souvenez-vous : vous êtes plus fort que tous vos comportements compulsifs. Vous pouvez vous arrêter, décider et choisir d'agir différemment. Voici un merveilleux exercice qui contribue à annuler les obsessions et les compulsions de toutes sortes.

Agissez

Il est impossible de traverser une mer
en se contentant de fixer l'eau.

Rabindranath Tagore

Agissez. Levez-vous, sortez, plongez dans la vie et agissez. *Franchissez une étape, puis la suivante.* La peur va vous mettre des bâtons dans les roues. Elle va vous conseiller d'attendre, de réfléchir, de vous cacher, de vous préparer, de remettre à plus tard – de vous assurer avant d'agir que toutes les conditions sont favorables. Bien entendu, ces conditions ne sont jamais parfaitement réunies. Ce jour n'arrivera donc jamais. La peur vous souffle que vous n'êtes pas prêt, qu'il vous faut être prudent, que vous allez chuter, vous ridiculiser.

Répliquez à la peur : « Quel mal y a-t-il à chuter, à se tromper, à se ridiculiser ? Aucun. C'est moins dangereux que de rester immobile. » Qui est jamais prêt pour quoi que ce soit ? Si vous attendez d'être prêt, vous restez prisonnier d'un fantasme et rien ne se produit.

EN AGISSANT, VOUS DEVENEZ PRÊT.

Trouvez une action que vous hésitez à entreprendre et lancez-vous, maintenant. Arrêtez tout le reste, cessez de réfléchir, levez-vous et agissez. Une fois que vous agissez, les étapes suivantes sont plus faciles à franchir et vous savez ce qu'il faut faire ensuite.

En agissant sans attendre, vous apprenez, vous mûrissez et vous découvrez votre énorme pouvoir. Vous découvrez les conséquences de vos choix et vous pouvez en faire de nouveaux, plus sages. Quelle différence si vous réussissez ou si vous échouez ? En vivant dans la terreur de l'échec, vous vivez sous l'emprise de la peur.

Voici un conte merveilleux pour qui se demande compulsivement quand agir, quoi faire, et avec qui.

Un jour un empereur décida que s'il connaissait la réponse à trois questions, il saurait toujours quoi faire, quoi qu'il arrive, sans tergiverser, sans être obligé de trop s'interroger. Il fit annoncer dans le royaume que si quelqu'un pouvait répondre à ses trois questions, il lui donnerait une grosse récompense.

Les questions étaient les suivantes :

Quel est le meilleur moment pour agir ?

Qui sont les êtres les plus importants ?

Quelle est la chose la plus importante ?

L'empereur reçut de nombreuses réponses qui ne le satisfirent pas. Il finit par se rendre au sommet d'une montagne afin de consulter un sage ermite. À son arrivée, il posa ses trois questions. L'ermite, qui creusait dans son jardin, l'écouta avec attention et reprit son ouvrage sans piper. L'empereur remarqua bientôt à quel point il semblait fatigué.

« Donnez-moi cette pelle, lui dit-il. Je vais creuser pour vous permettre de vous reposer un peu. »

L'ermite se reposa donc pendant que l'empereur creusait.

Après avoir creusé pendant plusieurs heures, l'empereur était très fatigué. Il dit :

« Si vous ne pouvez pas répondre à mes questions, dites-le-moi et je partirai.

— Entendez-vous ce bruit ? » demanda soudain l'ermite en montrant du doigt l'orée du bois.

Un homme apparut ; il se tenait le ventre. Il s'effondra quand l'ermite et l'empereur arrivèrent près de lui. Ils virent alors qu'il souffrait d'une profonde coupure. L'empereur nettoya la blessure et la pansa avec sa chemise. L'homme reprit conscience et réclama de l'eau. L'empereur courut vers un ruisseau voisin et lui rapporta de quoi boire. L'homme but, reconnaissant, et s'endormit.

L'ermite et l'empereur portèrent l'homme dans la hutte où ils le couchèrent sur le lit de l'ermite. À ce moment-là, épuisé lui aussi, l'empereur s'endormit.

Le lendemain matin, quand l'empereur s'éveilla, le blessé le regardait.

« Pardonnez-moi, lui murmura l'homme.

— Vous pardonner ? fit l'empereur en se redressant. Qu'avez-vous fait qui mérite mon pardon ?

— Vous ne me connaissez pas, Votre Majesté, mais je vous considérais comme mon ennemi juré. Pendant la guerre, vous avez tué mon frère et pris nos terres. J'ai juré de me venger et de vous tuer. Et hier, je vous ai guetté, mais pour on ne sait quelle raison, vous n'êtes pas revenu. J'ai quitté ma cachette pour vous retrouver. Vos gardes m'ont surpris et, me reconnaissant, m'ont attaqué et grièvement blessé. J'ai fui, mais si vous ne m'aviez pas aidé comme vous l'avez fait, je serais mort. Vous m'avez sauvé la vie. Je suis honteux et très reconnaissant. Pardonnez-moi, s'il vous plaît. »

L'empereur était ébahi.

« Je suis désolé de la souffrance que je vous ai causée. Soyons amis dorénavant. »

Après le départ de l'homme, l'empereur se tourna vers l'ermite.

« Il faut que je parte et que je trouve les réponses à mes trois questions. »

L'ermite rit et dit : « Vos questions ont déjà leurs réponses. Si vous ne m'aviez pas aidé à creuser mon jardin hier, ce qui vous a retardé, vous auriez été attaqué sur le chemin du retour. Le moment le plus important pour vous a donc été celui où vous creusiez mon jardin. La personne la plus importante, c'était moi, celui avec qui vous vous trouviez, et l'occupation la plus importante était simplement de m'aider.

» Plus tard, quand le blessé est arrivé, le moment le plus important était celui que vous avez passé à soigner sa blessure, sinon il serait mort et vous n'auriez jamais eu l'occasion d'accorder votre pardon et de vous faire un nouvel ami. À cet instant, il était la personne la plus importante et l'occupation la plus importante était de soigner sa blessure.

» Le moment présent est le seul qui compte. La personne la plus importante est toujours celle avec laquelle vous vous trouvez. Et l'occupation la plus importante est de rendre heureuse la personne à votre côté. Que pourrait-il y avoir de plus simple ou de plus important ? »

L'empereur s'inclina avec gratitude devant le vieux maître et partit en paix.

Tiré de *One Hand Clapping : Zen Stories for All Ages*,
racontées par Rafe Martin et Manuela Soares

Les erreurs sont vos amies

Il est aisé de comprendre pourquoi il est si difficile d'agir quand on tremble à l'idée de commettre des erreurs. Pourtant, il n'y a rien de mal à se tromper. Après tout, les erreurs sont vos amies. Vous ne pouvez pas vous relever si vous ne tombez pas. Aucun enfant ne marcherait jamais s'il redoutait de s'étaler par terre. Il est normal de tomber et de se relever. Il est normal d'agir, d'en tirer des leçons, de fortifier ses muscles et d'avancer. Il est impossible de progresser si l'on redoute d'échouer ou de commettre des erreurs. En fait, c'est bien de commettre une erreur. Cela veut dire que vous avez pris un risque. Vous avez tenu tête à la peur et vous êtes devenu plus fort qu'elle. Un grand maître, Dôgen, a dit :

LA VIE N'EST QU'UNE SUITE D'ERREURS.

Chaque fois que quelque chose vous rend plus fort que la peur, chaque fois que vous tenez tête au tyran, que vous prenez un risque, que vous regardez la peur en face et que vous agissez, vous avez gagné. Peu importe le tour que prennent les événements. Vous avez diminué l'emprise de la peur sur vous et vous avez récupéré votre liberté originelle.

Si vous tombez cent fois, cela signifie que vous avez gagné cent fois. Cent fois vous avez affronté la peur, vous vous êtes relevé et vous avez essayé de nouveau. Ce faisant, vous vous êtes fortifié et vous avez affaibli la peur. Vous vous êtes réapproprié la vérité de qui vous êtes et vous en êtes sorti plus puissant que la peur.

Revoyez ces moments où vous avez commis une erreur, où vous êtes tombé. Décrivez ce qui s'est passé. Quelles leçons en avez-vous tirées ? Que n'avez-vous pas réussi à apprendre ? Écrivez ce qui aurait dû se produire selon vous.

Il arrive souvent que nous qualifiions d'erreur une action parce que son résultat nous a surpris ou qu'il nous a fait mal. Mais qui décide qu'il s'agissait d'une erreur ? Si le résultat avait été différent, l'action aurait-elle été correcte ?

C'est vous qui décidez qu'une erreur en est une. Un acte a eu une conséquence. Pourquoi la qualifier d'erreur ?

Parce que vous n'avez pas été capable de maîtriser tous les aspects de la vie ? Qui le peut ? Pourquoi le devriez-vous ?

C'est fascinant de voir à quel point nous redoutons de nous tromper, à quel point nous nous sentons dans l'obligation de toujours être parfaits. Ces convictions sont enracinées dans le fantasme et sont la voix de la peur. Restez sourd à cette voix imbécile et réjouissez-vous de vous tromper quand cela vous arrive.

> « Il est des choses, disait Nasrudin, dont on sait de façon catégorique, dans son for intérieur, qu'elles sont fausses.
> — Quoi, par exemple ? demanda un homme toujours en quête de preuves.
> — Eh bien, l'autre jour, je me promenais quand j'ai entendu dire que j'étais mort. »
>
> Idries Shah

Quel mal y a-t-il à se tromper ?

Quel mal y a-t-il à se tromper ? Notez toutes les fois où vous vous êtes trompé. Qui s'en est soucié ? Que s'est-il passé ? Était-ce la fin du monde ? Avez-vous tiré un enseignement de votre erreur ?

Notez cinq façons dont vous pouvez vous tromper. Faites une erreur par jour. Que se passe-t-il ? Est-ce si affreux que cela ? Vous voulez vivre dans la terreur de vous tromper ?

En ayant si peur de vous tromper et en insistant pour ne jamais commettre d'erreurs, vous vous rendez fou. Et vous rendez aussi les autres fous. Si vous estimez qu'ils ont tort, vous les écartez ou vous les rejetez. Ou encore, si vous imaginez que quelqu'un d'autre a raison et que vous ayez tort, vous vous sentez minable. En vivant ainsi, vous êtes coincé dans un mirage.

Les mirages n'existent pas seulement dans le désert – nos vies en sont remplies. Le fantasme d'être quelqu'un de parfait, qui ait toujours raison et ne soit pas autorisé à se tromper, n'est qu'un mirage. La quête de la perfection vous rendra fou et ne vous apportera jamais la sagesse ni la satisfaction.

Rien ne brisera ce schéma d'échec tant que vous n'admettrez pas qu'un mirage n'est qu'un mirage. Il n'existe pas ; vous l'avez inventé. Il en va de même pour votre quête de perfection et votre peur de vous tromper. La vie est une série d'actions, de réactions et de nouveau d'actions où le plus important est la chose suivante : faites ce que vous pouvez, du mieux possible, de tout votre cœur. Soyez aussi disponible que possible pour la réalité ; voyez, écoutez et ressentez clairement – et alors réagissez. Quand vous agissez de toute votre âme, votre vie change et, pas à pas, vous sortez de votre cachette et vous vous rappelez qui vous êtes. Les conséquences de vos actes ne vous concernent pas. Faites chaque pas de tout votre cœur et observez ce qui se passe.

> Il était une fois un prince qui tomba malade et décida soudain qu'il était une dinde. Il ôta ses vêtements et s'accroupit nu sous la table royale, refusant de manger autre chose que les miettes tombées par terre. Le roi était très ennuyé. On convoqua de nombreux médecins au palais pour ausculter le prince, mais aucun d'eux ne put proposer un traitement.
>
> Un jour, un homme sage vint voir le roi et lui dit : « Laissez-moi vivre sous votre toit. Soyez patient et je guérirai votre fils. »

Immédiatement, l'homme sage s'approcha de la table royale, se déshabilla et s'assit nu près du prince.
« Qui êtes-vous et qu'êtes-vous ? demanda le fils du roi.
— Je suis une dinde comme vous, répondit l'homme sage. J'ai pensé que vous vous sentiez peut-être un peu seul et j'ai décidé de venir vous tenir compagnie un moment. »
Les « dindes » s'habituèrent l'une à l'autre et devinrent bientôt bonnes amies. Elles mangèrent des miettes, burent dans des assiettes en fer-blanc et débattirent des avantages d'être des volailles domestiques plutôt que des hommes.
Un soir, pendant que la famille royale dînait, l'homme sage fit signe au roi, dont les serviteurs apportèrent deux robes en soie qu'ils étalèrent soigneusement sous la table. L'homme sage enfila vite une robe et, sans laisser le temps au prince de prononcer un mot, lui dit : « Il y a des dindes qui sont si mal dans leur peau qu'elles croient qu'en mettant une robe elles pourraient se transformer. »
Le prince réfléchit un instant, hocha la tête et s'habilla. Quelques jours plus tard, l'homme sage décida de manger du bœuf, des pommes de terre et des légumes dans une assiette. Il goûta la nourriture et s'exclama : « C'est délicieux. C'est bon de pouvoir goûter toutes sortes de mets. » Le prince en convint et mangea sa part.
Finalement, le temps passa, l'homme sage décida de s'asseoir à la table. En dînant avec la famille royale, il lança au prince :
« Joignez-vous à moi. La nourriture est la même mais les chaises font toute la différence. En outre,

nous autres dindes avons beaucoup à offrir. Pourquoi resterions-nous cachées ? »

Le prince s'assit à la table. Il ne lui fallut pas longtemps pour se rappeler qui il était.

Rabbi Nachman de Breslau

Ne vous souciez pas des conséquences de vos actes

Quand je vous dis : agissez, foncez c'est tout, cela signifie : Ne vous concentrez pas sur les *conséquences* de vos actes. Oubliez le résultat. Concentrez-vous sur l'acte lui-même. L'homme sage s'est simplement lié d'amitié avec le prince. N'offrez pas un cadeau en attendant secrètement un remerciement, un présent ou une faveur en retour. Ce n'est pas « agir, c'est tout » – c'est vivre avec une arrière-pensée. Agir avec une arrière-pensée crée toujours un déséquilibre, parce que la moitié de votre attention se concentre sur ce que vous obtenez en retour. Et quand rien ne vient, la colère et le ressentiment s'emparent de vous. Votre cadeau n'était pas un cadeau authentique. C'était une forme de manipulation.

Lors d'un rendez-vous, ne vous demandez pas si vous faites bonne impression et si vous dites ce qu'il faut. Contentez-vous d'être là avec l'autre – pleinement là. Concentrez votre attention sur lui, liez-vous d'amitié avec lui, écoutez-le vraiment, répondez-lui vraiment. Profitez du moment et intéressez-vous à l'autre sans rien attendre en retour.

Les attentes créent des peurs d'être déçu. Vous surveillez votre comportement pour obtenir ce que vous voulez. Quand vous surveillez votre comportement normal, vous vous scindez en deux automatiquement. Une moitié de vous ne cesse de vérifier comment l'autre s'en tire, se débrouille – si vous obtenez ce que vous voulez. Vous n'êtes pas réellement présent pour autrui. Vous utilisez l'autre comme un objet. Vous risquez aussi de devenir un objet pour vous-même, à force de vous malmener. Il peut même vous arriver de vous faire peur.

Arrêtez-vous et accordez toute votre attention à l'endroit où vous vous trouvez, à ceux avec qui vous êtes, à ce qui se passe vraiment. Soyez pleinement ouvert à ce qui se produit dans votre univers.

Si vous êtes seul, écoutez ce que vous entendez, regardez ce que vous voyez, sentez la brise sur votre visage, notez votre posture et ce que votre corps ressent. En cet instant précis, que faites-vous ? Concentrez-vous pleinement là-dessus. Si vous coupez des légumes pour faire une soupe, concentrez-vous sur chaque coup de couteau. Notez ce qui arrive à votre angoisse à présent.

Si vous vous concentrez sur les résultats, l'angoisse, la peur et la terreur apparaissent. Si vous vous jetez à corps perdu dans l'action, que vous y preniez plaisir, vous trouvez une satisfaction dans le fait d'agir et la peur disparaît. Se concentrer sur une action à la fois est un merveilleux antidote à la peur. C'est aussi ce qu'on appelle vivre en pleine conscience, ou encore être là pour tout ce qui se présente.

Aucune cible n'est installée
Aucun arc n'est tiré
La flèche quitte la corde.
Elle ne touchera peut-être rien,
Mais elle ne ratera pas son but.

Dicton zen

Quand la vie paraît fade et vide, les fantasmes peuvent apporter énergie et enthousiasme, et il est facile d'en devenir dépendant. Certains de ces fantasmes nous donnent l'impression que nous avons trouvé notre but dans la vie. Toutefois, tôt ou tard, cette sensation va s'évanouir. Si vous ne trouvez pas votre but dans vos fantasmes, vous vous demandez peut-être où le trouver et comment entrer en contact avec ce qui a vraiment du sens pour vous.

Arrêtez-vous et notez lesquels de vos fantasmes se sont usés. Vous accrochez-vous toujours à eux ? En cherchez-vous de nouveaux ? Pouvez-vous tout arrêter un instant, laisser partir les fantasmes et rester dans le vide créé par le fait de ne rien avoir à quoi vous raccrocher ?

Quand vos fantasmes s'épuisent, au lieu de prendre le temps de vivre votre vie sans eux, il est facile d'en chercher de nouveaux. Cela peut paraître terrifiant de vivre dans le vide, l'espace inconnu qui surgit soudain, entre un mode de vie et le suivant. Toutefois, comme nous le dit le Lankâvatâra Sûtra : « Quand vous renoncez à ce qui est faux, ce qui est vrai apparaît tout seul. » Une fois que vous aurez renoncé à vos fantasmes, votre véritable but se révélera tout naturellement. En vous installant dans cet espace apparemment vide, vous découvrirez que c'est en fait un trésor, rempli de toutes sortes de nouvelles possibilités.

Le grand maître zen Dôgen nous dit : « Si on sort les poissons de l'eau, ils ne survivront pas. L'eau est l'élément des poissons, l'air celui des oiseaux. »

Qu'est-ce qui est la vie pour vous ? Qu'est-ce qui vous nourrit vraiment ? Une fois que vous l'aurez trouvé, vous serez profondément bien, à l'aise dans le monde au lieu de vous égarer dans les mirages, de perdre le nord ou de vivre sous l'emprise de la peur.

Dressez une liste de tous les fantasmes auxquels vous vous accrochez. Renoncez à l'un d'eux pendant quelques jours. Quel effet cela fait-il ? Qu'est-ce qui vient le remplacer ? Mettons que vous renonciez à espérer qu'un(e) amant(e) depuis longtemps perdu(e) reviendra soudain. Quel effet cela fait-il de prendre conscience que cette relation est terminée ? Comment devient votre vie sans lui (elle) ? Quelle nouvelle action pouvez-vous entreprendre maintenant ? Qu'est-ce qui est vraiment nécessaire ?

Dès que vous vous autorisez à vivre la vérité de votre situation et que vous permettez à ce qui se passe ensuite *de se révéler*, vous récupérez une énorme puissance et vous vous délivrez de l'angoisse. Au lieu d'essayer de contrôler la réalité, vous êtes là, plein d'intérêt et de curiosité, vous autorisez les choses à suivre leur cours.

Autorisez la vie à se révéler

Le paradis, c'est accepter ce qui est.

Lubovitch Rebbe

« Autoriser » est une des clés pour vaincre la peur. En autorisant ce qui est réel et nourrissant à se révéler, vous cessez d'entraver la vie, vous libérez les gens, les événements et vous-même. Vous n'exigez pas de résultats précis, vous accueillez ce qui se présente. S'il est nécessaire de faire un choix ou de prendre une décision, au lieu de vous donner un mal de chien pour y parvenir, vous l'autorisez à se révéler. En vivant ainsi, on connaît le soulagement et on dispose soudain d'une immense énergie. Généralement, on gaspille son énergie à forcer le destin, à exiger et à rendre tout le monde dingue en tentant de trouver des solutions aux problèmes que nous affrontons. Dès qu'un défi apparaît, nous sautons dessus, nous nous mettons à réfléchir, à planifier, à élaborer des stratégies, à nous tourmenter, et nous nous enfermons dans une prison sans barreaux. La plupart des problèmes ne sont même pas de vrais problèmes – juste de nouvelles formes de fantasmes.

Autorisez-vous quelque chose de simple : autorisez le jour à se lever le matin ou le soleil à se coucher le soir. Maintenant, passez à un peu plus difficile. Autorisez votre cher (chère) et tendre à dire tout ce qu'il (elle) veut et autorisez-vous à écouter, sans piper mot.

En autorisant la vie à être ce qu'elle est, vous dites non à l'angoisse et au contrôle. Autorisez la marée à être haute ou basse. Croyez qu'il existe une direction, une force de vie, une source de bons conseils qui sait ce qui est bien à chaque instant. Cessez de lutter, de forcer, d'exiger et de comploter. Détendez-vous et autorisez cette source de sagesse à entrer dans votre vie. Elle sait ce qui est réel, ce qui est bon, ce qui est vrai pour vous. Elle est avec vous à chaque instant. Vous ne l'avez tout simplement pas encore autorisée à se révéler. Il est temps de vous exercer à autoriser, un autre puissant remède pour chasser la peur.

> Il était une fois une jeune femme solitaire qui appelait l'amour de tous ses vœux. Un jour, en se pro-

menant dans les bois, elle trouva deux oiseaux chanteurs affamés. Elle les emporta, les mit dans une petite cage dorée et les nourrit. Les oiseaux reprirent vite des forces et ils l'accueillaient chaque matin avec des chants merveilleux. Elle les aimait infiniment et souhaitait que jamais ils ne s'arrêtent de chanter.

Un jour, elle laissa la porte de la cage ouverte et l'oiseau le plus gros s'envola. Elle l'observa angoissée voler en cercle au-dessus d'elle, elle était si terrifiée de le perdre à jamais que, lorsqu'il passa près d'elle, elle l'attrapa. Elle l'enferma dans son poing. Soudain, elle sentit qu'il devenait tout mou ; elle ouvrit la main et contempla, horrifiée, l'oiseau mort. Elle remarqua alors que l'autre oiseau voletait près de la porte de la cage et elle sentit son besoin de liberté. Elle le sortit de la cage, le laissa partir et le regarda voler en cercle une fois, deux fois, trois fois au-dessus d'elle.

Elle prenait tant de plaisir à voir l'oiseau apprécier sa liberté toute neuve qu'elle cessa de craindre de le perdre. Alors l'oiseau vint doucement se poser sur son épaule et chanta le chant le plus mélodieux qu'elle eût jamais entendu.

Lâcher prise et laisser la vie suivre son cours est aussi un acte d'amour. Plus vous lâchez prise et faites confiance à la vie, plus elle vous fera de beaux cadeaux. Et votre intuition se développera et vous guidera vers ce qui a réellement du sens.

Accueillez l'intuition :
dialoguez avec les voix intérieures

Nous sommes tous en partie humains, en partie dindes : nous voulons nous accrocher à des images étranges de nous-mêmes et en lâcher d'autres. De nombreuses voix différentes coexistent en nous. Afin d'entrer en contact avec votre intuition, il faut que vous preniez conscience de ces voix et que vous les écoutiez. Toutefois, vos voix intérieures ont souvent des besoins contradictoires et envoient différents messages qui risquent de vous faire perdre le nord et de vous amener à vous saborder.

Par exemple, vous choisissez une ligne de conduite quand une voix intérieure vous souffle d'opérer un virage à cent quatre-vingts degrés. Vous vous lancez dans un nouveau projet et, soudain, une autre voix vous harcèle de doutes et de peur. Vous tombez amoureux et vous êtes heureux, quand une voix différente attire votre attention sur les aspects négatifs de l'être aimé. Quelle voix est réelle ? Laquelle est vraie ? À laquelle pouvez-vous vous fier ?

Vous posez rarement ces questions parce que, le plus souvent, vous n'êtes pas conscient de ces voix. Vous courez ici et là, porté par des impulsions aléatoires. En fait, ces impulsions ne sont pas aléatoires, elles sont une réaction directement liée aux différentes voix intérieures.

Bien que certaines d'entre elles puissent générer de la peur, il est extrêmement important d'apprendre à les écouter. Comme elles peuvent être menaçantes, vous les ignorez, persuadé que vous n'entendez pas ce qu'elles disent. Pourtant vous les entendez, inconsciemment. De façon subliminale, elles affectent votre comportement et vos sentiments. Les bloquer devient dangereux parce que vous perdez votre lucidité et votre capacité de faire des choix positifs.

Le simple fait de prendre conscience de vos nombreuses voix intérieures est extrêmement libérateur. En les autorisant à parler, en les écoutant, non seulement vous chassez une bonne partie de votre trouble et de votre peur, mais vous découvrez qu'il existe une masse d'informations précieuses qui attendent d'être entendues. Quand une partie de vous-même opère en silence, non entendue, non acceptée et à votre insu, le désarroi s'installe. En revanche, quand vous autorisez cette voix à s'exprimer, quand vous l'écoutez, l'acceptez et la remerciez, beaucoup de votre énergie se libère. La honte se dissipe également quand vous ouvrez vos bras à tous les différents aspects de votre moi. (Pour un exercice qui contribue à ce processus, voir page 243.)

DÉVELOPPER L'INTUITION

Si tu acceptes le monde, le Tao sera en toi
et tu retourneras à ton moi primal.

Lao-tseu

En chacun de nous existe un moi originel, primal, capable de tout affronter.

Ce moi primal plus sage est votre intuition, la sagesse éternelle ou le maître intérieur. Demandez comment il aimerait qu'on le nomme et autorisez-le à prendre les rênes. Cette partie de vous s'enracine dans la vérité de votre être et elle sait ce qu'elle fait, et où il est nécessaire que vous vous dirigiez.

Dialoguer avec vos moi intérieurs est très puissant. La plupart d'entre nous accordent tant d'attention aux autres et aux exigences extérieures que nous nous étonnons de nous sentir si vides, si malheureux, si seuls. Quand vous accordez du temps, de l'attention et des soins affectueux à vous-même, le petit enfant intérieur assoiffé d'amour a l'impression qu'on l'écoute enfin. D'autres parties de vous-même restées cachées ont également besoin de s'exprimer et d'être acceptées. Quand vous prenez le temps d'écouter respectueusement ce qui se passe à l'intérieur, que vous donnez à chaque voix une chance d'être entendue, vous devenez plus vivant, vous libérez votre énergie et redevenez pleinement vous-même.

En répétant ce processus, vous apprenez à vous donner à vous-même ce que vous avez toujours rêvé d'obtenir d'autrui. À présent, vous n'avez plus besoin d'inventer des fantasmes, des rêves et des mirages pour satisfaire votre désir d'être choyé et compris. Vous aurez en fait ce dont vous avez besoin.

MOMENT CLÉ

Il n'y a pas d'erreurs,
il n'y a qu'un acte et ses conséquences

Vous fuyez la réalité en vous réfugiant dans le fantasme pour de nombreuses raisons, dont la peur de vous tromper, d'avoir honte, ou de commettre une erreur. Qualifier un acte d'erreur n'est guère autre chose que lui coller une étiquette. En réalité, les erreurs n'existent pas, seuls existent vos actes et ce qui en découle. Selon votre façon de voir, vos actes sont une réussite ou, au contraire, un échec qui vous réduit à l'impuissance.

Il vous faut agir afin de grandir, explorer et apprécier la vie. Mieux vaut tomber et se relever que rester coincé et figé, ou encore se réfugier dans des rêves et des mirages. Et souvenez-vous, chaque fois que vous tombez et que vous vous relevez, chaque fois que vous prenez un risque, vous avez gagné : vous avez affaibli l'emprise de la peur sur vous.

PRINCIPE 4

Trouver un havre de paix

La douleur et l'effort pour s'en dégager
sont une seule et même chose.

La vie est un périlleux voyage dont personne ne sort vivant. Aucun de nous n'en sort non plus indemne. En avançant, nous accumulons blessures et cicatrices. Pour certains, le but de ce voyage devient avant tout de se protéger des ennuis et d'éviter le plus de souffrances possible.

Toutefois, en vivant ainsi, vous fermez la porte à de nombreuses possibilités et vous goûterez rarement aux aspects les plus merveilleux de votre passage ici-bas. En restant sur la défensive, vous cessez d'être disponible pour les contacts, la créativité, l'aventure et la précieuse expérience de l'amour. Pour vivre pleinement, il faut que vous deveniez ouvert, vulnérable, et disposé à faire l'expérience d'une certaine dose de souffrances et de douleurs.

LE PÉRILLEUX VOYAGE

Il existe de nombreuses façons de subir les ennuis, et certaines sont plus gérables que d'autres. Certains ennuis sont extérieurs : les crises économiques qui balaient soudain investissements ou économies ; les inondations, les guerres, les tremblements de terre ou les incendies. Dans ces cas-là, on a l'impression d'être soumis à des forces supérieures que l'on ne peut guère maîtriser.

> Nasrudin était sur son âne un jour quand, effrayée par un obstacle sur son chemin, sa monture s'emballa soudain.
> Nasrudin filait à bride abattue devant des paysans qui s'écriaient :
> « Ralentis, Nasrudin. Où vas-tu donc si vite ?
> — Ce n'est pas à moi qu'il faut le demander, cria Nasrudin, mais à mon âne. »
>
> Idries Shah

Afin de reprendre les rênes et de vous protéger des ennuis – pour empêcher votre âne de diriger votre vie –, vous pouvez vous prémunir contre les dangers en souscrivant une assurance, en vous installant dans un quartier sûr, en engageant des conseillers financiers, en recourant à des traitements préventifs et en entretenant votre forme physique. Vous pouvez aussi vous tourner vers la religion, prier pour être protégé et chercher à mener une vie droite et honnête. Rien de tout cela n'est déconseillé, bien sûr : c'est simplement la peur tapie derrière ces protections qui risque de devenir handicapante.

Arrêtez-vous un instant et notez les manières dont vous vous préparez au danger ou à tout ce qui risquerait de bouleverser votre vie. Qu'est-ce qui vous inquiète le plus ?

Les souffrances et les accidents sont parfois les conséquences de forces impersonnelles : des tempêtes, des épidémies ou des crises économiques. Ils peuvent aussi vous donner l'impression d'être personnellement visé : on vous licencie, vous êtes victime d'une agression, d'un cambriolage. La peur qui se manifeste alors est généralement intense et difficile à surmonter.

On peut aussi vous voler votre sérénité – bien que cela puisse ne pas être apparent sur le moment et que vous puissiez ne pas être conscient des conséquences. Par exemple, nombre de nos conversations quotidiennes nous privent de notre équilibre et de notre tranquillité d'esprit.

> *Martha surprit une conversation entre ses collègues. Visiblement, ils la critiquaient. Ils se turent à son arrivée. Son imagination s'emballa et elle se sentit angoissée et seule. Puis Martha se mit à parler de ces collègues avec d'autres. Très vite, elle se trouva piégée dans le cercle vicieux du soupçon et de la rancune.*

Il existe des terroristes de la conversation qui n'attendent que l'occasion de vous livrer des commérages, des rumeurs, de vous remplir de peur. Si vous ne savez pas ce qui se passe, vous pouvez ne pas être conscient qu'on vous nuit, vous n'êtes pas en mesure de vous défendre, vous êtes incapable d'arrêter le processus. À ce moment-là, une angoisse vous saisit et vous finissez souvent par gérer la situation de manière dysfonctionnelle.

Même vos rapports personnels avec des gens de confiance et chers à votre cœur peuvent devenir imprévisibles. Une crise peut éclater quand un ami vous lance une réflexion cruelle ou que vous devenez la cible d'une plaisanterie ou d'une insulte. Un jaloux peut s'immiscer dans une relation harmonieuse et essayer de la détruire. Ce genre de souffrance personnelle et émotionnelle est parfois plus difficile à supporter que la douleur physique.

Quels moyens employez-vous pour gérer la souffrance émotionnelle ? Fonctionnent-ils ou les payez-vous très cher ?

Pour la plupart, nous ne savons pas gérer les émotions douloureuses et nous recourons à l'alcool, à la drogue et autres dérivatifs pour y mettre fin. Mais ces modes de résistance peuvent donner lieu à davantage de peur et de douleur à la longue. La question fondamentale est de savoir comment vous gérez le stress, comment vous pouvez vous lancer dans une relation sans y laisser de plumes. Pour ce faire, il faut trouver un havre loin de la tempête où vous pourrez couler des jours tranquilles sans être ballotté par la peur et la douleur.

Comprendre et gérer la douleur

Si l'on veut se libérer vraiment de la douleur, il faut commencer par mettre en doute une hypothèse fondamentale. À savoir l'idée que la douleur est horrible et qu'il faut l'éviter à tout prix. Généralement, quand on commence à la ressentir, on s'efforce aussitôt de la chasser. On est prêt à tout pour changer, apaiser ou évacuer l'épreuve que l'on traverse. Si vous cessez, ne serait-ce qu'un instant, de réagir ainsi, il vous sera facile de voir que ce n'est pas de cette manière qu'on peut connaître un réconfort durable.

> Au tout début de ma pratique du zen, pendant une retraite en plein hiver, j'étais assise au fond d'un *zendo* (l'endroit où l'on pratique la méditation zen) voisin d'un superbe jardin japonais. Le *zendo*

n'était pas chauffé et, comme personne n'est autorisé à bouger pendant une méditation zen, sauf pour de brèves promenades méditatives entre deux séances, j'étais transie au bout de plusieurs heures. J'avais beau superposer les pulls, je ne parvenais pas à me réchauffer. Pour couronner le tout, un étudiant ouvrit la porte du jardin, laissant entrer un vent glacé. La coupe était pleine. Assise là, grelottante, j'étais furieuse.

Enfin vint mon tour d'avoir un *dokusan*, un entretien avec le maître. Mon tout premier maître. Lorsque la cloche sonna, annonçant qu'il était prêt, je courus à l'étage dans la pièce où il attendait.

Le maître ne broncha pas quand je m'assis devant lui.

« Comment allez-vous ? me demanda-t-il.

— Je meurs de froid ! hurlai-je.

— Alors mourez ! » hurla-t-il à son tour avant de sonner sa cloche, signalant ainsi que l'entretien était terminé.

Vous mourez de froid, alors mourez. Jusqu'au bout. Nul besoin d'ajouter autre chose. Au lieu de vous protéger de la douleur et de courir dans la direction opposée, arrêtez-vous et autorisez-vous à ressentir ce que vous ressentez. Ressentez-le pleinement. Mieux, accueillez-le. Quel que soit le malaise, il arrive avec un cadeau dans ses mains.

Le maître s'abandonne à ce que le moment apporte.

Lao-tseu

Après ma rencontre avec le maître, plutôt que de suivre sa suggestion, mourir de froid, je me lançai dans des conjectures : *J'ai dû commettre une erreur. Il doit me détester. Non, il y a quelque chose qui ne tourne pas rond chez lui. Qu'est-ce que c'est que cet endroit où on laisse entrer l'air glacé en ouvrant la porte en plein hiver ?* Et je continuai. En cherchant des explications, je sombrai de plus en plus dans la déprime. La solution ? J'aurais pu vivre pleinement l'instant, le vivre complètement et le laisser être ce qu'il était.

Extraire la flèche empoisonnée

Ce n'est pas la réponse qui éclaire, c'est la question.

Eugène Ionesco

Bouddha a dit que toute vie est souffrance. On a taxé cette affirmation de pessimisme. Faux – c'est tout le contraire. Cette affirmation ne suggère pas que vous deviez redouter la vie, vous replier sur vous-même ou refuser toute expérience. Bouddha disait en fait que la souffrance est inévitable. En apprenant à dialoguer sagement avec elle, vous avez la possibilité d'y mettre fin une bonne fois pour toutes. Bouddha a dit qu'il était un médecin venu guérir tous les maux du monde. S'il y avait autant de souffrance, c'était parce que le monde avait été transpercé par une flèche empoisonnée qu'il était venu extraire. Qu'est-ce que cette flèche empoisonnée ? Comment l'extraire et se mettre à l'abri du mal ?

La flèche empoisonnée est votre propre réaction aux événements. Ce n'est pas nécessairement l'événement qui crée la douleur, mais la façon dont on y réagit. Votre réaction est votre choix. Une fois que vous avez fait ce choix, vous commencez à extraire la flèche empoisonnée.

Assumer ses réponses

Il était une fois un homme qui se grattait. Cela prit de telles proportions que l'on ne cessait de lui en demander la raison.
« Je ne sais pas », répondait-il invariablement.
Cette réponse était inacceptable. Il fallait trouver une solution. On convoqua des médecins, mais après de nombreux examens, aucun ne put trouver la source de ce grattage. Cela donna lieu à de nombreuses théories. Peut-être avait-il commis un acte condamnable et en payait-il le prix (l'arrivée à maturité du mauvais karma). Ou bien souffrait-il d'une maladie grave, peut-être contagieuse. Fallait-il l'éviter ?
Certains proposèrent des explications compliquées impossibles à prouver. D'autres soumirent des conjectures ésotériques. Quelques-uns cherchèrent des causes métaphysiques. Cela ne mena à rien.
Finalement, un vieux guérisseur arriva en ville. L'homme qui continuait à se gratter alla le consulter : « Pourquoi est-ce que je me gratte ? »
Le sage guérisseur réfléchit. Puis il dit : « J'ai longuement réfléchi et je peux te donner la réponse. Tu te grattes parce que ça te démange. »

Idries Shah

Apprenons à répondre en toute conscience au lieu de nous contenter de réagir. Cela nous démange et nous inventons des tas d'explications pour la démangeaison, ce qui ne fait que l'aggraver.

Quand vous vous contentez de réagir, vous êtes facilement affecté par tout – les événements, les gens et votre interprétation de ce qui se passe. Vous devenez une marionnette à la merci du moindre coup de vent.

Quelqu'un vous lance une réflexion méchante et la douleur vous envahit ; un autre vous tient des propos flatteurs et vous tombez sous le charme. Les réactions sont automatiques, impulsives, des réflexes qui n'apportent que rarement sagesse ou guérison. Les réponses sont différentes.

Observez certaines de vos réactions automatiques. Qu'est-ce qui provoque généralement chez vous une réaction, que vous ne maîtrisez guère ? Quand vous êtes à la merci des événements, il est si facile d'en devenir le jouet et de souffrir.

Quand on cherche à se libérer de la peur, rien n'est plus facile que de consacrer une énergie et un temps infinis à tenter de changer les gens ou les situations. Quel gâchis ! Le plus souvent, vous ne pouvez modifier ce qui se passe, mais vous pouvez prendre la responsabilité de vos réactions et apprendre à *répondre*. C'est d'une importance énorme parce que, une fois de plus, ce ne sont pas les autres ou les situations qui créent la peur et la douleur mais vos *réactions* face à eux. Ce point ne saurait être trop souligné.

En prenant conscience de vos réactions négatives et en les chassant, vous cessez d'être à la merci des situations et des individus. Vous pouvez aller où bon vous semble et accueillir sereinement sur votre route quelque événement et quelque personne que ce soit. Votre *réponse* dépend de vous seul.

Transformer une contrariété en une tranquillité d'esprit

La perception n'a rien de neutre. Ce que vous percevez vous définit. Et la manière dont vous percevez les autres les définit. Votre perception d'une situation va également provoquer différentes réponses de votre part.

Pour vous aider à voir comment vous réagissez généralement aux situations contrariantes et explorer d'autres manières de les voir, jetez un œil aux scénarios suivants. En modifiant votre réponse à l'événement, vous réintroduirez la paix dans votre esprit.

- *Vous voulez quelque chose et vous ne pouvez pas l'obtenir*

  Au lieu de vous sentir malheureux ou puni, prenez un peu de recul et devenez conscient que votre désir risque de ne pas vous être bénéfique. Peut-être en apprendrez-vous davantage en n'obtenant pas ce que vous désirez. Le fait de ne pas voir vos désirs comblés vous fera sans doute mûrir. Concentrez-vous sur ce que vous avez reçu et appréciez-le pleinement. Vous sentez-vous encore dépouillé ?

- *Vous possédez quelque chose et vous avez peur de le perdre*

  Quand vient le temps du changement, où l'on doit renoncer à quelque chose d'important, il est normal de souffrir de cette perte et de ressentir chagrin, peur ou amertume. Vous risquez même fort de ne plus vous autoriser à posséder quoi que ce soit d'important, de peur de le perdre.

  Comment pourriez-vous répondre autrement ? En vous concentrant sur ce que vous avez reçu et en le considérant comme un *cadeau*, et non comme quelque chose qui vous appartenait. En étant reconnaissant du temps pendant lequel il vous a appartenu et en envisageant des manières d'offrir ce cadeau à d'autres personnes. Arrêtez-vous et réfléchissez aux avantages que vous en avez tiré. Qu'avez-vous appris ? En quoi le posséder vous a-t-il rendu différent ? Pourquoi ne pas partager le bonheur et la sagesse que vous avez reçus avec ceux qui en ont besoin ?

Quand on leur prend quelque chose, la plupart des gens ont le sentiment qu'il leur faut lutter pour s'y accrocher ou bien récupérer ce qu'ils ont perdu. Si telle est votre réponse, c'est que vous ne saisissez pas que, si le temps de s'en aller pour quelque chose est venu, vous aurez beau lutter pour le garder, si l'heure a sonné et que cela ne vous appartienne plus, c'est fini. En fait, bien que vous n'en soyez pas conscient, c'est mieux pour vous, car cela libère de la place pour du nouveau dans votre vie. En lâchant prise de bonne grâce, vous serez en mesure de savourer les enseignements et la joie que ce cadeau vous a apportés et de grandir grâce à cette expérience, au lieu de vous écrouler.

• *On vous critique*

Vous pouvez être enclin soit à vous défendre, soit à attaquer quand d'autres disent des choses négatives à votre sujet. Peut-être même commencez-vous à croire ces critiques, à les intérioriser et à vous punir en devenant autodestructeur.

En lieu et place de cela, prenez conscience que les gens attaquent rarement les autres à moins qu'ils ne souffrent eux-mêmes. L'attaquant exprime sa propre peur et sa propre douleur. Vous n'êtes pas obligé d'accepter ses commentaires blessants comme la vérité. Refusez d'absorber le poison d'autrui et restez campé dans la vérité de ce que vous êtes. Vous n'avez pas à dépendre des autres pour connaître votre propre valeur.

• *Vous n'en avez jamais assez*

Quoi qu'on vous donne, vous en voulez toujours plus. À l'instant même où vous recevez, vous avez le sentiment que cela ne suffit pas, vous êtes incapable d'être satisfait. On appelle cette faim insatiable la douleur de l'avidité. Plus vous êtes avide, plus vous vous sentez démuni et vide, et effrayé de ne jamais vous sentir comblé.

Essayez plutôt d'apprendre à goûter, digérer et apprécier pleinement ce que l'on vous donne, à absorber sa nourriture et à rejeter le superflu. Peut-être finirez-vous par connaître la satiété. Bien que ce soit un concept difficile à accepter dans l'actuelle culture de la « démesure », où plus est toujours positif et moins toujours négatif, il est important d'y parvenir. Vous n'avez soif de davantage que parce que vous êtes incapable de profiter pleinement de ce que vous avez. Une fois que vous goûterez ce que vous avez et en éprouverez de la reconnaissance, vous vous sentirez comblé et entier.

Si c'est possible, concentrez-vous sur cette reconnaissance, ne serait-ce qu'un instant. Franchissez ensuite une étape en vous rappelant que vous n'apaiserez jamais votre faim en vous contentant d'en prendre toujours plus. Un merveilleux enseignement de la tradition lojong du bouddhisme tibétain s'y applique : quoi que vous receviez, dites simplement : « Cela suffit. »

• *Vous aimeriez que les circonstances soient différentes*

Il est sûr qu'on préfère toujours être en bonne santé plutôt que malade. Le problème, c'est qu'on ne sait pas accepter ce qui se présente. Vous avez le sentiment que vous devez changer la vie – la contrôler avec votre idée de ce qui est bon pour vous. On peut appeler cette préoccupation de soi la douleur de l'arrogance, l'idée que tout tourne autour de vos besoins personnels et que le monde n'existe que pour répondre à vos envies.

Pour échapper à la colère et à la peur que cela engendre, prenez conscience que les autres ont autant d'importance que vous. Tendez la main pour leur rendre aussi la vie meilleure. Comprenez que les circonstances ne cessent de changer. Au lieu de combattre, haïr et refuser une situation difficile, accueillez-la comme un maître. Acceptez-la, vous découvrirez de nouvelles réponses constructives et – surtout – la sérénité.

• *Quand la douleur surgit sans raison*

C'est la plus difficile à accepter. Nous avons tous besoin d'explications ; nous avons besoin de comprendre pourquoi quelque chose se produit. On peut appeler douleur de l'absence de sens la souffrance qui surgit sans raison apparente. Confronté à ce genre de désespoir, vous risquez de sombrer dans le nihilisme, le sentiment que rien ne compte en définitive. Ou encore vous pouvez perdre tout intérêt pour la vie et l'amour et vous retirer à l'intérieur de votre coquille.

Une autre manière de répondre à la douleur de l'absence de sens est de prendre conscience que c'est arrivé dans votre vie afin que vous affrontiez et examiniez de plus près la véritable signification de votre présence sur terre.

Les douleurs et les souffrances surgissent pour exiger de vous que vous soyez attentif. Peut-être avez-vous repoussé vos limites trop loin, vécu bêtement pendant trop longtemps. Arrêtez-vous et écoutez ce que vous dit la douleur : elle vous demande de bien examiner ce qui se passe. Il est fort possible que vous n'ayez jamais appris à vous arrêter et à être attentif, à respecter ce que vous ressentez, à y accorder du temps et de l'espace dans votre vie. Dès que vous commencez à agir ainsi, votre douleur ne se transforme pas en souffrance. Vous extrayez la flèche empoisonnée.

Arrêtez-vous et posez à votre douleur les questions essentielles : « Pourquoi te manifestes-tu maintenant ? Qu'attends-tu de moi ? Quel enseignement me faut-il en tirer ? »

Quand le remède se transforme en poison

La plupart du temps, nous ignorons la différence entre le remède et le poison, entre ce qui est bénéfique et ce qui est toxique dans notre vie. Le sucré pourrait être du poison, l'amer un remède. Peut-être aimez-vous un aliment, un être ou une situation qui est nuisible parce que vous en êtes dépendant ou que vous pensez qu'il en sortira quelque chose de positif.

Peut-être êtes-vous dans une relation qui paraît délicieuse sans remarquer la manière dont elle affaiblit et mine votre vie. En revanche, un être, un emploi ou une situation peuvent avoir un goût amer, être difficiles au départ et se révéler néanmoins bénéfiques à bien des égards. Lutter avec un être ou des circonstances difficiles peut vous fortifier, vous permettre de puiser dans votre courage et votre force. Vous pouvez penser que vous vous exposez au danger, mais la situation est peut-être un mal pour un bien.

Toutefois, la plupart du temps, nous décidons que quelque chose est bon ou mauvais selon que nous l'apprécions ou non, selon que c'est amer ou sucré. Mais c'est là un point de vue limité. Un merveilleux kôan zen explore cette énigme : « Le monde entier est un remède. Quelle est la maladie ? »

Ce kôan vous demande d'examiner de plus près ce qui est réellement bénéfique dans votre vie et ce qui vous cause détresse ou douleur. Il ne vous apprend pas ce qu'est la maladie ; il vous demande seulement de chercher. Il suggère aussi que lorsque vous ne recherchez que la douceur, que vous évitez l'amertume ou la douleur, vous renforcez la maladie, vous augmentez la peur dans votre vie. Une fois que vous êtes disposé à vivre toute votre expérience, à goûter l'amer comme le sucré, vous prenez un remède qui, en définitive, vous rend plus fort. Quel pouvoir la peur peut-elle avoir dans votre vie quand vous êtes disposé à accepter votre souffrance ? Une fois que vous acceptez de prendre ce qui vient, la peur ne peut plus vous enfermer dans une vie étriquée, solitaire et fermée.

On élimine le médecin en acceptant la maladie.

Henry Miller

Le remède se transforme en poison et le poison peut aussi se transformer en remède. Tony Papa, le militant artiste auteur de *Fifteen to Life,* a raconté de quelle façon ce qui avait débuté pour lui comme un cauchemar se révéla être une expérience qui a transformé sa vie :

> Marié, un enfant, j'approchais de la trentaine et j'avais désespérément besoin d'argent. Les temps

étaient durs. C'était l'anniversaire de mon gamin et j'avais envie de lui offrir un beau cadeau. Contre une petite somme d'argent, un ami me confia un paquet à livrer. Je ne savais pas ce que le paquet contenait et je ne connaissais pas son destinataire. En fait, je suis tombé en pleine descente de brigade de lutte contre la drogue. Les flics m'ont embarqué et, malgré mon casier vierge, j'ai écopé d'une peine de quinze ans d'emprisonnement.

Horrifié, ma vie foutue, en prison, j'ai touché le fond du désespoir. Il semblait n'y avoir aucune issue possible. Au début, j'ai passé mon temps à maudire mon sort. J'étais malheureux tout le temps. Puis, au bout d'environ un an, un événement incroyable s'est produit. Bien que toujours emprisonné, j'ai retrouvé ma liberté en m'intéressant à la peinture. Je me suis mis à peindre, j'adorais ça, je ne m'en lassais pas. Je consacrais chacun de mes instants libres dans ma cellule à cette activité tout en étudiant l'œuvre d'autres artistes. J'ai senti que je me transformais. Mon travail a fini par être reconnu. Des expositions m'ont réclamé des tableaux. Le public a apprécié. C'était passionnant, génial.

Ensuite, le Whitney Museum a décidé d'exposer mes œuvres. J'ai compris que je pouvais me servir de ma célébrité pour venir en aide à d'autres, et je suis devenu un porte-parole de la lutte contre l'injustice des lois antidrogue. J'ai aussi enseigné la peinture à d'autres détenus, j'ai étudié le droit, et quand j'ai enfin été libéré au bout de douze ans, j'ai créé une fondation baptisée Drug Policy Alliance, dont l'objectif était d'abroger les lois injustes contre la drogue et d'aider d'autres victimes de cette situation à trouver une issue. Je me qualifie à présent de militant artiste et de spécialiste des communications pour la DPA.

Quand on m'a jeté en prison, j'ai cru que ma vie était finie mais c'est là en fait qu'elle a vraiment recommencé. Du jour où j'ai cessé de tout haïr et de tout combattre, la situation est devenue mon billet pour la vraie liberté. Et pas seulement pour moi. La souffrance que j'ai connue a fini par être bénéfique à long terme.

La cellule de Tony est devenue sa voie vers une nouvelle vie, emplie de créativité et de sagesse, où il a appris à devenir une force pour le bien.

La douleur n'est pas la souffrance

La douleur n'est pas la souffrance. C'est de la douleur, c'est tout. Vous vous coupez le doigt et il vous élance. Vous tombez malade et votre corps vous fait mal. Un ami cher meurt et vous le pleurez. Ce sont là des circonstances normales de la vie auxquelles personne n'échappe. Nul besoin de les redouter, il faut les prendre pour ce qu'elles sont. Comprenez que la douleur n'est qu'une douleur. Cela ne signifie pas que vous allez la ressentir à jamais, qu'on vous punit et que le ciel va vous tomber sur la tête. La douleur n'est qu'une expérience, et si vous ne lui opposez pas de résistance, elle va disparaître tout naturellement, pour faire de la place à ce qui suit. Les expériences vont et viennent, comme les nuages dans le ciel. Quand vous ne vous accrochez pas à elles, elles s'éloignent toutes seules.

Il est si tentant, cependant, de transformer la douleur en souffrance, qui est plus difficile à gérer. Au début de son incarcération, quand Tony Papa maudissait son destin, il a beaucoup souffert. Une fois qu'il a eu accepté la situation telle qu'elle était, il a commencé à trouver des moyens de s'épanouir. Sa cellule est devenue un atelier, et son emprisonnement s'est transformé en un voyage vers une vie qui valait la peine d'être vécue.

Nous transformons notre douleur en souffrance en nous appesantissant dessus – en en rejetant la faute sur les autres, en en parlant à tout le monde, en l'utilisant pour nous attirer sympathie et attention. Vous êtes sûr d'avoir tiré le mauvais numéro, vous devenez une victime ou un martyr. Quand vous adoptez ce genre de comportement, la souffrance devient un mode de vie, voire une forme de dépendance.

Comment transformez-vous votre douleur en souffrance ? Qu'est-ce qui vous fait le plus souffrir en ce moment ? Votre douleur vous apporte-t-elle quelque chose ? Qu'est-ce que vous en retirez ? Que se passerait-il si elle disparaissait ?

Certains recherchent la douleur parce qu'elle offre des avantages secondaires. Les masochistes et les martyrs, par exemple, aiment leur souffrance, ils la recherchent. Souffrir leur donne une identité, un moyen d'établir des rapports avec le monde. Cela peut aussi leur fournir une justification pour exprimer de la colère ou obtenir une revanche. Ces individus aiment qu'on les plaigne et qu'on se sente coupable de leur douleur. C'est de la manipulation par excellence, comme s'ils disaient : « Regardez comme je souffre, vous n'allez tout de même pas vous opposer à mes désirs ? Vous ne voudriez pas me faire souffrir encore plus, n'est-ce pas ? »

D'autres estiment que, puisqu'ils souffrent, ils peuvent agir comme bon leur semble, se montrer mesquins, exiger tout et n'importe quoi. Certains rêvent de souffrir parce qu'ils se sentent coupables et ont besoin d'un châtiment pour soulager leur culpabilité. Ces êtres attirent la souffrance, ils la recherchent et s'accrochent à elle.

Quand la douleur se transforme en souffrance, elle peut facilement se muer en force mortelle. Une vie vécue dans la souffrance est une vie fondée sur la peur. Vous avez peur de trouver le bonheur, la réussite ou l'amour. Vous avez peur de résoudre les problèmes et de laisser le conflit se dissiper. Vous pouvez être dans une relation merveilleuse et vous la sabotez inévitablement parce que vous êtes incapable de vous autoriser à connaître le bonheur ou la plénitude. Cela signifierait renoncer à votre souffrance. Qui seriez-vous sans votre souffrance ? Quelle serait la nature de vos rapports avec le monde ?

> *Les histoires de John avec les femmes duraient en moyenne six mois. Les premiers temps de la relation étaient merveilleux, mais quand la femme s'attachait et se mettait à réclamer davantage, il commençait à lui trouver des défauts. Aucune ne faisait l'affaire. Il n'y avait aucune raison de continuer la comédie. Il ne tardait pas à se retrouver tout seul. Après chaque rupture, il rejetait la faute sur son ex, mais il avait tout de même des regrets et ne comprenait pas pourquoi la situation se reproduisait. Un jour, John comprit : « Je ne pouvais tout simplement pas supporter d'être aussi heureux. Cela ne correspondait pas à l'image que je me faisais de moi-même. Je ne savais pas qui j'étais quand j'étais heureux. J'avais besoin d'avoir des raisons de me plaindre, d'avoir quelqu'un contre qui lutter. »*

Le sens du moi de John disparaissait quand tout marchait bien. De ce fait, il s'accrochait à une identité alimentée par la souffrance et la peur. John était accro à la souffrance.

Posez-vous la question : qui seriez-vous sans votre souffrance ? De quoi discuteriez-vous avec vos amis ? Comment amèneriez-vous les autres à se soucier de votre sort ? Qu'est-ce qui vous paraîtrait exaltant ?

Les fausses attentes

C'est comme si nous changions le cours même de la vie en modifiant notre attitude à son égard.

Henry Miller

Les fausses attentes qui président à notre vie sont une grande source d'alimentation de notre souffrance. Comme John, nous vivons tous avec un prototype d'attentes quant à la manière dont les choses devraient se résoudre. Ces attentes modèlent nos rapports avec les autres et même le sens de notre propre valeur. La plupart du temps, ce sont simplement des illusions, sans base aucune dans la réalité. Pourtant, quand la vie nous refuse ce que nous désirons, non seulement nous ressentons de la peur, mais nous faisons tout ce qui est en notre pouvoir pour plier la réalité à nos attentes. Faire face à nos attentes et nous débarrasser de celles qui sont fausses peut être douloureux.

Mulla Nasrudin est un merveilleux personnage classique des enseignements soufis : l'imbécile heureux qui semble toujours commettre des erreurs, agir de manière inattendue et ne pas comprendre ce qui se passe. Coupé qu'il est de l'entendement conventionnel, il manifeste une sagesse spontanée plus profonde.

> Des petits garçons voulaient voler les pantoufles de Nasrudin. Ils l'appelèrent et lui montrèrent un arbre. « Personne ne peut grimper à cet arbre, lui dirent-ils.

— Vous pourriez tous y arriver, répondit Nasrudin, et je vais vous montrer comment. »

Il retira ses pantoufles, les fourra sous sa ceinture et commença à grimper.

« Nasrudin, tu n'as pas besoin de tes pantoufles pour grimper.

— Pourquoi pas ? Il faut se préparer à toutes les éventualités. Qui me dit que je ne trouverai pas une route là-haut ? »

Idries Shah

La réalité est la réalité. Elle se manifeste comme elle veut. Il est clair que, littéralement, Nasrudin ne trouvera pas de route au sommet d'un arbre, même s'il envisage cette possibilité. (Ce conte a des implications plus profondes, en fait, en montrant comment on peut trouver sa voie dans les endroits les plus inattendus.) Globalement, cela signifie que la réalité n'est pas votre ennemie, mais qu'elle peut sans aucun doute devenir l'ennemie de vos attentes. Vous créez une entreprise et vous êtes sûr qu'elle engrangera des bénéfices au bout d'un an ou deux ; vous choisissez un partenaire et vous êtes sûr que vous allez couler des jours heureux jusqu'à la fin de votre vie : vous participez à une course et vous êtes sûr que vous allez la remporter. On vous a appris à tout voir à travers l'objectif de vos attentes. On vous dit même qu'il y a des bons et des méchants – et vous vous attendez à ce que ce soit vrai.

Inutile de le préciser, la réalité apporte souvent des expériences qui contredisent ces croyances profondément ancrées. Chaque fois que cela se produit, la peur surgit. L'important est de comprendre que ce n'est pas la réalité mais vos attentes qui sont la source du problème.

DÈS QUE VOUS AUTORISEZ LA RÉALITÉ À ÊTRE CE QU'ELLE EST, VOUS TROUVEZ SÉCURITÉ ET FORCE.

Dressez une liste de vos attentes dans la vie. Comment vous attendez-vous à ce que les autres vous traitent ? Comment vous attendez-vous à réussir dans votre travail, en amour, dans la vie ? Certaines de vos attentes vous desservent-elles ? Auxquelles pouvez-vous renoncer ?

Voilà un exercice fascinant. En le faisant, vous verrez à quel point certaines de vos attentes sont figées : elles ne débouchent pas sur le changement, la maturité ni la nouveauté. Elles ne vous permettent pas de voir que la vie ne cesse de se métamorphoser. Ce qui était un remède un jour devient poison le lendemain, et inversement. Un être en colère devient indulgent. Quelqu'un qui vous a pardonné peut soudain vous en vouloir. Quelqu'un qui aimait se dorer au soleil recherche l'ombre des arbres en vieillissant. Attendez-vous à ce que la vie soit la vie, que tout change, et dès lors vous vous sentirez à l'abri. En vous libérant de vos fausses attentes, vous pourrez apprécier ce qu'apporte la vie et l'accueillir de manière constructive.

Dressez la liste de cinq attentes auxquelles vous pouvez facilement renoncer. Cela donne quoi de vivre sans elles ? Où la douleur se niche-t-elle à présent ?

Renoncer à ses attentes ne signifie pas renoncer à ses valeurs, ni à ses limites. Cela signifie simplement que l'on acquiert la souplesse requise pour agir de manière appropriée et faire des choix constructifs. Quand vous vous accrochez à de fausses attentes, vous devenez prisonnier de la colère, de la lutte et du chagrin, au point de rejeter parfois ceux qui vous sont le plus chers. Ces attentes sont une armure qui ne vous protège pas vraiment, mais vous piège.

> Un des garçons de l'école de Nasrudin demanda : « Quel est le plus grand accomplissement, celui de l'homme qui a conquis un empire, celui qui aurait pu le faire mais s'en est abstenu, ou celui de l'homme qui en a empêché un autre d'en créer un ?
> — Je ne sais pas, répondit Nasrudin, mais je connais une tâche bien plus ardue que toutes celles-là.
> — De quoi s'agit-il ?
> — D'essayer de vous apprendre à voir les choses telles qu'elles sont. »
>
> Idries Shah

Aspirer aux défis

Il y a deux tragédies dans la vie.
L'une est de ne pas obtenir
ce que l'on souhaite ardemment,
et l'autre de l'obtenir.

George Bernard Shaw

D'un côté, nous souhaitons tous vivre à l'abri. De l'autre, nous recherchons le danger, les défis, pour mettre du piment dans notre existence.

Si vous n'avez rien à surmonter, pas d'ennemi à vaincre, personne à passionner, pas d'obstacles dans le travail, pas de compétition dans le sport, votre vie risque de vous paraître fade. En effet, les défis sont un moyen de tester son courage et de mûrir. Vous vous fixez une date limite ; vous acceptez une mission difficile à l'école, dans une activité sportive ou sur le champ de bataille. Vous escaladez des sommets, vous plongez dans les profondeurs marines, vous tombez amoureux d'un être inaccessible. Vous tentez de conquérir d'autres pays ou de convertir des gens à vos croyances. La quête du défi donne un sens à la vie.

Les défis ont de nombreux objectifs et résultats différents. Parfois ils sont dangereux et nuisibles ; parfois ils fournissent un moyen de se dépasser et de découvrir sa propre noblesse et son courage. En fait, moins vous avez peur, plus les défis vitaux se présentent à vous et plus vous les appréciez et gagnez des forces.

La vie apporte bien des défis. Certains sont constructifs : un scientifique dans son laboratoire s'emploie à découvrir le remède à une maladie endémique, un sportif tente de battre un record mondial, une jeune femme s'efforce de prendre bien soin de son enfant, malgré ses demandes incessantes. On vous demande soudain de choisir une action qui vous grandit. Se jeter à l'eau pour sauver quelqu'un de la noyade ou se ruer dans une maison en feu. Adopter un orphelin.

Il est très important de distinguer les défis sains, constructifs et vitaux de ceux qui naissent d'un attachement au danger, à la souffrance et au risque. Certains défis vous démolissent, créent l'obsession, la tristesse et mènent droit à l'échec. D'autres vous aident à grandir.

Les défis constructifs et les défis destructeurs

Examinez les principaux défis de votre vie. Lesquels avez-vous choisis et lesquels vous ont choisi ? Lesquels sont stimulants et agréables ? Lesquels vous mettent en valeur ? Lesquels vous détruisent ?

Il est important de distinguer les défis constructifs des défis destructeurs. Il arrive que l'on se crée des défis répétitifs qui se fondent sur un désir de souffrir et de vivre dans la peur. D'autres s'appuient sur un désir de surmonter la peur, d'acquérir du courage et d'apprécier pleinement la vie. Distinguez ces deux types de défis dans votre vie.

Prenez une feuille, tracez une ligne au milieu et notez les deux types de défis de chaque côté. Appliquez-vous à renoncer à un de vos défis faux et destructeurs aujourd'hui. Demain, renoncez à un autre.

Les défis qui sont positifs et sains pour vous font partie du voyage vers une vie sans peur. Même si vous rencontrez des difficultés, la douleur et l'échec en chemin, en allant de l'avant, votre peur diminuera et vous allez mûrir.

Les défis qui sont répétitifs ou obsessionnels, qui vous affaiblissent, qui sont destructeurs, sont des contrefaçons. Ils peuvent créer un faux sentiment d'exaltation, mais généralement ils impliquent une situation où vous ne pouvez pas gagner, où quelqu'un d'autre va souffrir – jouer avec les revenus de la famille, par exemple, une relation amoureuse instable, ou refuser de consulter un médecin quand vous êtes malade. Ce ne sont pas des défis du genre à rendre plus fort ou à apporter du bien-être. Ils naissent d'un amour du risque, d'un attachement à la souffrance, ou d'un désir d'être blessé ou de faire du mal… Voyez ces défis sous leur vrai jour et renoncez-y.

Quand vous commencez à renoncer aux faux défis destructeurs, l'existence peut paraître au départ vide et fade. L'exaltation disparaît, vous avez l'impression que la vie n'a plus de sens. Il est nécessaire de passer par cette phase d'ennui ou de vide afin de voir apparaître les vrais défis. En fait, peut-être vous accrochez-vous aux défis destructeurs parce que vous n'avez aucune idée de ce que sont vos vrais défis. Accro à la peur que cette fausse exaltation génère, vous avez peut-être évacué les défis passionnants et bénéfiques que la vie apporte naturellement. Vous ne vous êtes pas autorisé à éprouver la joie de ce qui vous attend réellement, ou de l'être que vous pouvez vraiment devenir.

Répondre à l'appel

L'histoire de Lakeesha Walrond, pasteur de la Première Église baptiste corinthienne de Manhattan, explique comment elle a relevé un incroyable défi qui lui a permis de se découvrir :

> À cause de changements énormes et inattendus dans ma vie, j'ai traversé une période de peur, de mort émotionnelle où j'ai eu l'impression de suffoquer.
> À cette époque, Dieu m'a littéralement prise dans ses bras et m'a sauvée d'une mort certaine. Au milieu de cette douleur, grâce à la prière et à la méditation, j'ai littéralement été appelée à faire un pèlerinage de quarante jours avec Dieu.
> Au début, quand j'ai reçu cet appel, je ne voulais pas quitter ma famille, ma vie ou l'église. J'avais peur de partir, peur de rester, j'étais terrifiée. Quand j'ai entendu Dieu me dire de partir, je me suis dit que ce n'était pas la voix de Dieu, bien qu'au tréfonds de moi-même j'en aie été convaincue.
> Puis, un jour, cet appel me fut confirmé par quelqu'un d'autre. Bien que je n'aie soufflé mot de tout cela à personne, une fidèle que je connaissais à peine est venue vers moi et m'a dit : « Pourquoi êtes-vous encore là ? Dieu veut que vous partiez. »
> Cela m'a choquée, mais ses paroles ont pénétré mon âme et j'ai su qu'il me fallait partir.

À chaque étape de mon voyage, j'ai reçu des instructions de Dieu. Il m'a dit que la vie était simple et que je devais vivre dans la simplicité. Dès le début, le luxe devait être absent de ce voyage. Il fallait que je me déplace exclusivement en car et en train, afin de prendre le temps d'embrasser, d'étreindre la beauté de la Création. C'était intimidant, puisque je n'avais encore jamais pris le car ou le train. Je prenais toujours l'avion. Je ne devais emporter ni bijoux, ni vernis à ongles, ni maquillage. Je n'avais le droit d'emporter que quelques vêtements pour quarante jours.

Je ne devais séjourner que dans des monastères et des couvents. Je devais quitter le pays. Il fallait que je voie quatre parties de la Création – qui représentaient les quatre éléments.

La première était les chutes du Niagara, représentant l'eau ; la deuxième, le mont Saint Helens, représentant le vent ; la troisième, le Grand Canyon, représentant la terre ; et la quatrième, les Everglades, représentant le soleil ou le feu.

J'ai pris le train pour les chutes du Niagara, j'ai prié et j'ai dit : « Mon Dieu, que suis-je en train de faire ? Je n'ai encore jamais voyagé seule en trente-sept ans. » Arrivée au premier arrêt, j'ai appelé l'église catholique – j'ai cherché dans les pages jaunes, téléphoné au diocèse et leur ai expliqué que je faisais un voyage de quarante jours et que j'avais besoin d'un endroit où loger. On me donna plusieurs numéros à appeler. J'ai procédé de la même façon par la suite en logeant dans des couvents dans chaque ville que je traversais.

C'était très simple en ces lieux. Aucun luxe, pas de téléphone, pas de télévision, pas de distractions.

Dans tous on disait une messe par jour, dans certains, quatre. Le prix était dérisoire et incluait les repas. Dans un de ces couvents, ils avaient fait vœu de silence ; dans les autres, on avait le droit de parler. Au Canada, j'ai sympathisé avec une femme qui faisait une retraite dans ce couvent. Elle voulut me montrer le jardin. Dans le jardin, nous décidâmes de prier sous un arbre. Un homme surgi de nulle part nous dit : « Connaissez-vous cet arbre ? »

Nous le regardâmes d'un drôle d'air : « Non. »

« C'est le tilleul européen. C'est un arbre très célèbre dans mon pays et il est très différent du tilleul américain. » Il cueillit une feuille et nous la tendit. Il nous montra les poils à l'arrière de la feuille en nous expliquant que c'était le seul moyen de distinguer un tilleul européen d'un tilleul américain. « Cet arbre est planté devant toutes les églises de mon pays et l'un d'eux pousse devant ma maison. Un jour, au cours d'un violent orage, une branche s'est cassée, et elle s'est mise à pourrir. Au cours des trente années suivantes, une nouvelle branche a poussé à la place de celle qui avait été arrachée. Cela ne se voit jamais chez les arbres. Mais celui-là avait la capacité de guérir. »

Nous étions sans voix, les yeux embués, et j'ai su que Dieu me disait : *Comme cet arbre, je t'ai donné la capacité de guérir parce que je suis en toi.*

Nous avons prié. C'était magnifique.

Seule avec la Création de Dieu, qui était si belle et si impressionnante, j'ai compris combien de petits détails de la Création j'avais appris à ignorer pendant mon existence trépidante. Par exemple, prendre simplement le temps de contempler le ciel et de regarder les oiseaux et les arbres. Le plus étonnant, c'est que j'avais passé mon existence dans un lieu plein de vie, avec de l'herbe et des arbres qui poussaient, des oiseaux qui chantaient, des écureuils qui dansaient. J'étais entourée de vie, mais j'étais en train de mourir. Comment se pouvait-il que je meure dans un endroit si fourmillant de vie ?

En m'éloignant de ma situation personnelle, j'ai pu réfléchir et en voir la vérité. Grâce à ce voyage, j'ai appris à vaincre ma peur en ouvrant les bras à la vie, en comprenant qu'elle est difficile et semée de défis, mais qu'il y a de la beauté dans ses difficultés parce qu'elles nous rendent plus forts.

À la fin du voyage, je suis rentrée et j'ai retrouvé un quotidien qui n'avait pas beaucoup changé, les défis y étaient encore présents, mais je n'avais plus peur. J'étais dans un lieu où je pouvais étreindre la vie.

Par cette expérience, Dieu m'a conduite à un nouveau ministère, Total Refuge. C'est une association à but non lucratif qui aide les femmes et les adolescents à panser les plaies des abus sexuels. Ainsi, la peur et la douleur que j'ai connues ont servi d'engrais à une nouvelle vie et ont apporté de l'espoir à beaucoup.

MOMENT CLÉ

Laisser la réalité être la réalité

La réalité apporte toujours ce qui est nécessaire, que cela vous plaise ou non. Plus vous ouvrez les bras à ce qui vous est apporté – en le ressentant, en le goûtant, en le connaissant –, plus vous vous libérez des fausses attentes, plus vous devenez à même d'apprendre les leçons qui vous permettront de progresser. Dès lors, vous pouvez ouvrir votre trésor, accéder à vos énormes ressources intérieures et recevoir en abondance la nourriture et le soutien qui vous attendent.

PRINCIPE 5

Distribuer des bénédictions : les actes d'amour

Dites-vous que l'honneur de votre prochain a autant de valeur que le vôtre et veillez à ne pas vous emporter facilement.

Johanan ben Zakkai, sage juif du Ier siècle

La haine de soi est l'une des principales plaies du monde actuel. Lorsque cette maladie frappe, elle se manifeste souvent sous la forme d'une dépression qui est de la colère tournée contre le moi. Elle surgit quand vous ne vous êtes pas accordé l'autorisation de vous exprimer de manière constructive. La colère refoulée s'envenime et finit par vous ronger de l'intérieur : vous vous punissez sans en avoir conscience.

Les êtres sous l'emprise de la haine de soi ont un sens d'eux-mêmes négatif et fragile. Ils ont soif de respect et d'approbation et choisissent souvent des partenaires, des emplois et des styles de vie acceptables sur le plan social. Ainsi, ils ont l'impression d'être respectables et à leur place, intégrés. Toutefois, dès que leur couverture est menacée et que leurs faiblesses et leurs problèmes apparaissent au grand jour, non seulement la haine de soi émerge mais elle s'accompagne d'une haine des autres.

Un élève zen vint se plaindre à Bankei :

« Maître, je suis irritable, ce qui me pousse à haïr les autres et moi-même. Comment puis-je m'en guérir ?

— Vous souffrez d'un mal très étrange, répondit Bankei. Montrez-moi.

— Là, je ne peux pas vous le montrer.

— Quand le pourrez-vous ?

— Il se manifeste sans prévenir.

— Alors, conclut Bankei, cela ne doit pas être votre vraie nature. Si tel était le cas, vous pourriez me le montrer à n'importe quel moment. »

Conte zen

L'ESPRIT MALVEILLANT

L'esprit malveillant est alimenté par le poison de la colère. Il est incapable de s'arrêter le temps de noter ce qu'il ressent ou la manière dont il se comporte. Il a perdu le sens des proportions. Une fois qu'il prend le pouvoir, il ne cesse de faire des ravages. Dans certains cas, il devient obsédé par la vengeance ; dans d'autres, par la volonté de dominer et de tout contrôler.

Quand vous vous sentez menacé, attaqué ou non apprécié à votre juste valeur, l'esprit malveillant vous dit que répondre par l'attaque vous protégera ou restaurera votre orgueil blessé. Faux – c'est tout le contraire. En répondant par l'attaque, vous redoutez encore plus les répercussions et perdez votre amour-propre. La haine ne respecte rien. À l'image d'une maladie auto-immune, quand le corps attaque ses propres organes, la haine dévore votre bien-être. Sous l'emprise de l'esprit malveillant, vous risquez fort de succomber à l'abus d'alcool ou de drogue et de dérailler, voire de souffrir de graves problèmes de santé, d'être victime d'une crise cardiaque ou d'une attaque, par exemple.

L'esprit malveillant qui se déchaîne écrase tout sur son passage. Il se conduit en animal sauvage, prêt à se jeter sur la première proie venue pour apaiser sa faim. Sous son emprise, vous risquez de faire du mal à ceux qui vous sont le plus proches, notamment vous-même.

Qui est sage ?
Celui qui connaît les conséquences de ses actes.

Pirkei Avot (*The Wisdom of the Fathers*)

On pense souvent qu'un acte dicté par la colère est une manifestation de force. Le sentiment de puissance qui vous envahit quand vous attaquez procure l'impression d'avoir choisi la bonne voie. Puis la haine s'estompe et, voyant que la situation s'est encore aggravée, vous vous sentez affaibli et diminué. La poussée d'adrénaline que fait naître la colère remplace la véritable force. La véritable force exige de vous que vous ayez la capacité de refuser les incitations de l'esprit malveillant, que vous ayez la lucidité nécessaire pour remettre la situation dans son contexte et être en mesure d'y répondre avec compassion.

Aujourd'hui, la haine et la violence semblent proliférer. Pour se débarrasser de ces poisons, couper les branches (les expressions de colère) ne suffit pas, il faut s'attaquer aux racines.

Déraciner l'esprit malveillant

Avec la douceur on vainc la colère
Avec la générosité on vainc la méchanceté
Avec la vérité on vainc la tromperie.

Bouddha

Le Conseil amérindien Manataka préserve et protège la culture des Amérindiens. Voici un conte souvent repris lors des cérémonies autour du feu sacré.

> Un petit-fils vint voir son grand-père. Vibrant de colère, il lui parla d'un ami qui s'était montré injuste envers lui.
> « Laisse-moi te raconter une histoire, lui dit son grand-père. Il m'est arrivé à moi aussi de ressentir de la haine pour ceux qui ont tant pris et qui n'éprouvent aucun remords pour leurs actes. Mais la haine t'épuise et ne fait pas de mal à ton ennemi. Autant avaler du poison en souhaitant la mort de ton ennemi.
> » J'ai souvent lutté contre ces sentiments. C'est comme s'il y avait deux loups en moi. Le premier est bon et ne fait pas de mal. Il vit en harmonie avec ceux qui l'entourent et ne s'offense pas. Il ne se bat que lorsque c'est juste. Mais le second, c'est une autre affaire ! La moindre chose le fait sortir de ses gonds. Il se bat contre tout le monde, tout le temps, sans raison. Sa colère et sa haine sont si fortes qu'il est incapable de réfléchir. C'est une colère impuissante car elle ne changera rien.
> » Parfois il est difficile de vivre avec ces deux loups en moi, car les deux cherchent à dominer mon esprit. »
> Le garçon regarda son grand-père dans les yeux et lui demanda :
> « Lequel gagne, grand-père ? »
> Le grand-père sourit :
> « Celui que je nourris. »

Même si vous n'en êtes peut-être pas conscient, l'esprit malveillant s'enracine et croît dans votre vie de bien des façons. Il vous dit : vous avez raison et les autres tort ; la vie est un combat qu'il faut gagner ; les autres sont vos ennemis ; peu importe qui vous écrasez sur votre passage pourvu que vous vous hissiez au sommet de l'échelle ; si quelqu'un vous blesse, rendez-lui la pareille à la puissance deux pour le décourager de recommencer. L'esprit malveillant ne comprend tout simplement pas qu'un acte dicté par la haine ne résoudra jamais rien.

Il est impossible de trouver la paix dans l'attaque. Plus vous envoyez de haine aux autres, plus elle vous revient en pleine figure. C'est une des lois de base de la vie. Irréfutable et constante. Les humiliés finiront par se révolter et se venger. S'ils ne le font pas eux-mêmes, vous vous attirerez un autre être en colère ou une situation négative. Ce sont les cycles du karma, de la destinée et du chagrin. Comment y mettre fin ?

Arrêtez-vous un instant le temps de voir ce qui cause cette haine en vous. Que faites-vous quand elle vous habite ? Comment l'empêchez-vous de s'enraciner ?

Si vous voulez vaincre la peur, commencez par éradiquer la haine de votre propre vie. Ce sentiment est si inacceptable pour la plupart d'entre nous et pour la société dans son ensemble que généralement la colère et la haine plongent dans la clandestinité. Vous refoulez votre haine, affichez un gentil sourire et vous efforcez d'agir comme si vous étiez si spirituel et si vertueux que la colère ne vous touche jamais. Faux – elle touche tout le monde. L'esprit malveillant est toujours là, à guetter l'occasion d'exploser. Pour le déraciner, il faut d'abord être disposé à l'affronter et à admettre ce qu'il est.

Dès que vous agissez ainsi, un drôle de phénomène se produit. Comme la peur, dès que vous la regardez droit dans les yeux, que vous dénoncez ses mensonges, la colère se met à chanceler et à se dissiper. Elle n'a aucun pouvoir en soi, hormis celui que vous lui donnez. Lorsque vous croyez à ses mensonges, elle se métastase comme le cancer. En revanche, si vous restez vigilant, si vous lui dites non, vous la déracinez. Les nombreuses façons de dire non à la colère vous apportent les vitamines et les sels minéraux de l'âme, qui vont bâtir votre système immunitaire spirituel et vous rendre fort.

Extraire les racines de la colère

Différentes racines nourrissent la colère et la haine. Une fois que vous saurez les reconnaître, vous pourrez commencer à les extraire.

Vinny commettait des erreurs, mais il refusait de l'admettre. Ce n'était jamais sa faute. Il avait toujours raison. Quoi qu'il fasse, il avait toujours des milliers de bonnes excuses : les autres étaient forcément les méchants de l'histoire. Inutile de préciser que cela minait ses rapports sociaux, mais pesait aussi sur sa vie. Il était incapable de présenter des excuses ou de corriger ses erreurs.

Arrêter de justifier la colère

Une des racines de la colère est sa constante justification. Certains estiment qu'il est normal, voire sain d'être en colère et de s'en prendre aux autres. (Exprimer sa colère de manière constructive, responsable et saine est une chose, l'utiliser pour attaquer, condamner, tromper en est une autre.) Quand vous cherchez à justifier votre colère, vous pouvez trouver toutes sortes de théories, croyances et raisons de l'autoriser à gouverner votre vie.

Comme la plupart d'entre nous, vous avez appris que si l'on vous offense ou vous insulte, il est sain de dire son fait au coupable. Sinon, vous êtes une vraie carpette. Certains guettent les insultes et les affronts – ils n'attendent que l'occasion de laisser libre cours à leur colère.

Comment réagissez-vous quand vous vous sentez insulté, offensé ? Comment gérez-vous votre colère ? Est-ce que vous explosez ? Est-ce que vous faites comme si rien ne s'était passé ? Est-ce que vous ripostez et attaquez ? Ou bien agissez-vous de manière responsable en exprimant clairement votre façon de voir ?

Répondre aux insultes

On peut réagir de manière constructive aux insultes et éviter ainsi d'être happé par un tourbillon négatif. L'insulte donne parfois même l'occasion de grandir. Mais d'abord, il faut être convaincu que se faire insulter peut avoir un résultat positif. L'insulte vous a peut-être été adressée pour purifier le karma – pour équilibrer un acte négatif du passé. Ou vous aider à acquérir de la force et de l'endurance, vous apprendre à ne pas réagir impulsivement. Peut-être vous invite-t-on par ce biais à montrer plus de compassion, à vous intéresser de plus près à l'autre.

Si vous ne vous sentez pas personnellement visé par l'insulte, elle ne vous touche pas. Comprenez que celui qui vous a insulté devait souffrir pour en arriver à cette extrémité. L'insulte vous montre simplement qu'il a besoin de compassion et d'attention. Vous pourriez réagir avec bonté, offrir de la compréhension en retour.

Voici un exemple tiré des contes zen sur le samouraï. Il montre une manière différente de gérer la colère qui guette.

> Il était une fois un grand guerrier qui, bien que très âgé, était capable de vaincre n'importe quel adversaire. Sa réputation était telle que de nombreux disciples venaient étudier avec lui.
> Un jour se présenta un jeune guerrier à la triste réputation. Il était bien décidé à être le premier à vaincre le grand maître. Outre sa force, il avait l'art de repérer et d'exploiter la moindre faiblesse chez un adversaire. Il attendait que l'autre prenne l'initiative, révèle ses failles, et frappait aussitôt sans pitié. Personne n'avait encore réussi à le battre.
> Contre l'avis de ses disciples, le vieux maître accepta volontiers le défi du jeune guerrier. Ils se mettaient en position quand celui-ci entreprit d'insulter le maître. Pendant des heures il l'agonit d'injures. Le vieux guerrier resta de marbre. Le jeune guerrier finit par s'épuiser. Se sachant vaincu, il se retira, humilié.
> Un peu déçus que le maître n'ait pas combattu l'insolent, ses disciples l'interrogèrent :
> « Comment avez-vous pu endurer une telle indignité ? Comment l'avez-vous fait fuir ?
> — Si quelqu'un vient vous voir avec un cadeau et si vous ne l'acceptez pas, à qui appartient ce cadeau ? » leur répondit-il.
> Le maître avait conquis son amour-propre, il connaissait sa valeur et ne pouvait donc être ni touché ni déstabilisé.

Vivre dans un monde en noir et blanc

Une autre racine de l'esprit malveillant est l'idée que le monde se divise en deux camps : les bons et les méchants. Vous appartenez forcément au bon camp et le reste de l'humanité à l'autre. Et, bien sûr, il est normal de haïr ceux qui sont dans le mauvais camp – voire de les détruire. Peut-être prouvez-vous votre propre valeur en affirmant que l'autre est méchant ou dans l'erreur.

La fausse fierté vous incite à mépriser les autres, à projeter vos peurs sur eux, à ne pas voir qui ils sont vraiment. Elle vous empêche d'adopter un comportement qui avantagerait tout le monde. Mû par elle, vous ne prenez pas le temps de comprendre que celui que vous considérez comme votre ennemi aujourd'hui peut devenir votre meilleur ami demain. Les amis se transforment en ennemis et les ennemis en amis tout le temps. Nous ne vivons pas dans un monde en noir et blanc. Rien n'est immuable.

Manger son ombre

CE QUE VOUS NE POUVEZ ACCEPTER CHEZ L'AUTRE
EST CE QUE VOUS ÊTES INCAPABLE D'ACCEPTER
EN VOUS-MÊME.

Votre ombre contient les aspects refoulés et inacceptables de votre nature que vous avez niés, dont les attitudes, les souvenirs ou les désirs que vous êtes incapable d'affronter. Il est beaucoup plus facile de voir ce qui est négatif chez l'autre, de le haïr et de le combattre pour cela, plutôt que d'affronter ce qui l'est chez soi. Cette ombre a une puissante influence et elle touche notre vie de bien des manières. Comme vous êtes obligé de la garder secrète, elle vous pompe de l'énergie, vous maintient dans le conflit et vous rend globalement malheureux.

Pete ne cessait de croiser des hommes qui tentaient de séduire des femmes mariées. Cela le dérangeait. Il détestait ces séducteurs autant que leurs proies consentantes. Honorablement marié, mais malheureux en ménage, il était frustré et seul. En fait, il aurait aimé suivre leur exemple, mais il ne voulait pas l'admettre. Ces séducteurs représentaient la part de lui-même qu'il méprisait et rejetait. Du jour où il fut capable d'admettre l'existence de cette tendance chez lui, il cessa vite de se retrouver dans ce genre de situations.

Une fois que vous affrontez votre ombre, vous libérez votre énergie et votre bien-être. Désormais, vous n'êtes plus obligé d'accuser les autres de ce que vous êtes incapable d'accepter chez vous-même. On appelle cela manger son ombre. Ce concept a tellement d'importance qu'il mérite qu'on s'y arrête et qu'on le digère. Si vous haïssez et rejetez quelqu'un, comprenez que vous l'avez attiré à vous et qu'il vous montre simplement un aspect de vous-même que vous refusez.

Prenez conscience des traits de caractère que vous détestez ou jugez inacceptables chez les autres. Voyez ensuite si ces traits de caractère existent aussi chez vous. Songez à des occasions où vous vous êtes comporté comme ceux que vous condamnez. Décidez d'accepter ces traits de caractère chez eux et en vous-même.

Plus vous refoulez des aspects de vous-même et plus vous les projetez sur les autres, plus vous attirerez de gens qui renvoient la même image. Pis encore, quand vous refusez d'affronter l'ombre intérieure, quand vous passez votre temps à la projeter sur autrui, vous risquez de sombrer dans la paranoïa. Dès lors, il devient facile d'avoir le sentiment que le monde entier est malveillant, qu'il complote derrière votre dos. Non seulement c'est là une projection de votre propre haine, mais il peut aussi s'agir d'un désir inconscient qu'on vous fasse du mal.

Nasrudin, le héros bien connu de nombreux contes soufis, ne cesse de nous montrer comment nous pouvons être bernés par le monde tel que nous le connaissons. Avec ses modes de réflexion et ses comportements inattendus, il nous dévoile des vérités supérieures.

> Nasrudin avait eu des mots avec le supérieur d'un monastère dans lequel il séjournait. Un jour qu'un sac de riz manquait, celui-ci ordonna à tout le monde de se mettre en rang dans la cour. Puis il annonça que celui qui avait volé le riz devait en avoir des grains dans sa barbe.
>
> *C'est une vieille ruse pour inciter le coupable à se toucher la barbe*, pensa le voleur, qui ne broncha pas.
>
> *L'abbé cherche à se venger de moi,* songea Nasrudin, *et il a dû mettre des grains de riz dans ma barbe. Je ferais mieux de les faire tomber le plus discrètement possible.*
>
> Il se fourra les doigts dans la barbe et se rendit compte que tout le monde le regardait.
>
> « Je savais bien que vous finiriez par me piéger », dit Nasrudin.

La paranoïa universelle

Ce n'est pas parce que je suis paranoïaque
qu'on ne cherche pas à avoir ma peau.

Thomas Pynchon

La paranoïa est un effet direct de la peur. Les vrais paranoïaques sont totalement coupés de la réalité, ils n'imaginent jamais que le pire, voient le danger partout, traquent les railleries ou les critiques, et sont convaincus que le monde entier leur en veut. Il suffit que quelqu'un grimace pour que le paranoïaque en conclue qu'il est sur le point de l'agresser.

Tout le monde peut être l'objet de bouffées paranoïaques. La peur est un embrasement soudain. En revanche, si vous ne restez pas vigilant, la paranoïa va croître et diriger votre vie. Elle est invalidante parce qu'elle vous empêche d'être lucide, réduit vos options, intensifie la peur, et peuple votre univers d'ennemis. Il est crucial de comprendre son mode opératoire et les méthodes pour la vaincre.

Quand la paranoïa frappe, vous vous mettez à attribuer aux autres des motifs maléfiques et des comportements suspects ; vous devenez convaincu que vous êtes confronté à de dangereux ennemis et que vous devez les chasser de votre vie. Vous ne voyez pas l'humanité que vous avez en partage, seulement ce qui vous différencie. Vous ne comprenez pas que, comme vous, ils ont envie d'être heureux et d'éviter les coups, que, comme vous, ils ont souffert et désirent être à l'abri et qu'un jour, comme vous, ils affronteront la mort.

Dès que la peur surgit, l'esprit paranoïaque a la voie libre pour s'épanouir. Il est également facile de sombrer dans la paranoïa quand on est confronté à des individus d'une autre race, religion ou culture. On les connaît mal, ils sont différents, on imagine donc vite le pire à leur sujet. Plus vous voyez quelqu'un comme un ennemi, plus vous autorisez l'esprit paranoïaque à gagner en puissance, plus vous suscitez ces traits de caractère chez l'autre. La perception est fatale. L'autre réagit comme vous le voyez.

CE QUE VOUS VOYEZ CHEZ L'AUTRE,
VOUS LE FAITES RESSORTIR EN LUI.

Lorsque vous voyez le pire chez l'autre, vous lui envoyez un message inconscient de ce qu'il est pour vous, et inconsciemment il remplit ce rôle. Cette dynamique opère à de nombreux niveaux – entre parents et enfants, maris et femmes, amis, amants, de même qu'entre des nations et des religions. En revanche, il suffit qu'on traite avec respect un individu, un groupe ou une nation pour qu'ils le sentent et que cela influe sur leur comportement.

Cherchez consciemment les meilleurs traits de caractère de quelqu'un dont vous pensez du mal. Réfléchissez-y. Ensuite, trouvez une qualité que vous pouvez admirer chez lui. Pensez à la fois où il vous a aidé ou a eu pour vous un geste qui vous a plu. Cela équilibrera les sentiments négatifs qu'il vous inspire et transformera votre relation.

Un ancien conte zen nous parle du célèbre maître Bankei et de son attitude face aux comportements négatifs :

> Les disciples se pressaient aux retraites qu'organisait le maître Bankei. Pendant l'une d'elles, un disciple fut surpris en train de voler. On rapporta l'affaire à Bankei en le priant de chasser le coupable. Bankei ignora l'incident.
> Plus tard, le disciple en question fut de nouveau pris la main dans le sac et, une fois de plus, Bankei ferma les yeux. Les autres disciples, en colère, lui

présentèrent une pétition exigeant l'expulsion du voleur, faute de quoi ils partiraient tous.

Bankei lut la pétition et convoqua tout le monde.

« Vous êtes sages, mes frères, leur dit-il. Vous connaissez la différence entre le bien et le mal. Vous pouvez aller étudier ailleurs, mais ce pauvre étudiant ne connaît pas la différence entre le bien et le mal. Qui la lui enseignera si je ne m'en charge pas ? Je le garde auprès de moi, même si vous partez tous. »

Le disciple qui avait volé ne put retenir ses larmes. Tout désir de recommencer le quitta.

L'égocentrisme

L'égocentrisme est une station sur la voie de la paranoïa. Quand vous devenez complètement absorbé par vous-même, le monde entier tourne autour de vous et vous avez l'impression d'être grandiose, incroyablement important. Dans cet état d'esprit, vous vous sentez toujours visé personnellement. Si un être ne vous accorde ni le respect ni l'attention que vous estimez mériter, vous le boutez hors de votre vie.

L'égocentrique veut que tout ce qui est bon lui soit réservé. Il se protège lui-même et en fait autant pour tout ce à quoi il s'identifie. En même temps, il rejette les autres. Vivre ainsi est horrible. Une fois de plus, c'est un continuum. Il est normal pour chacun de nous de connaître de tels moments, mais s'il reste incontrôlé, l'esprit égocentrique risque de croître et de devenir votre façon d'être.

L'esprit égocentrique est mû par la mauvaise foi. Les autres deviennent des objets qu'il manipule afin qu'ils le glorifient et le servent. Il ne voit pas les autres comme des égaux, allant parfois jusqu'à leur refuser le statut d'êtres humains avec les mêmes droits, besoins et désirs. Les autres ne sont là que pour son usage et pour confirmer la justesse de ses convictions.

Notez de quelles façons vous pouvez céder à une obsession égocentrique. À qui refusez-vous de la bonté ? Qui condamnez-vous ? Quel genre de fantasmes entretenez-vous au sujet de ceux qui paraissent très différents de vous-même ?

L'absorption égocentrique n'exprime pas la vérité fondamentale de votre moi. En menant une existence égocentrique, vous vous enfermez dans un cocon qui est plus une prison qu'un havre. Afin de vaincre la paranoïa, il vous faut apprendre à défaire le cocon créé par l'esprit égocentrique. Au début, cela peut être effrayant, parce que vous vous sentez bien au chaud dans votre cocon. Toutefois, plus longtemps vous y restez, plus vous vous isolez du monde et moins vous savez comment y réagir. Ce cocon lui-même vous met en danger. Le lieu le plus sûr est à l'air libre, sous les vastes cieux.

Comment créez-vous votre cocon ? Dans quels domaines de votre vie êtes-vous centré sur vous-même ? Où vous cachez-vous, roulé en boule ?

Abandonner la haine – la pratique du pardon

Si vous voulez trouver la paix, faites la paix.

Rabbin Elazar ben Azaria

Contrairement à la croyance populaire, il n'est pas du tout difficile de se délivrer de la haine. Dans une pièce sombre, il suffit d'un peu de lumière pour dissiper l'obscurité. Il en va de même pour la haine – il suffit de laisser entrer un peu de compassion et les ténèbres de la haine disparaissent vite.

IL EST FACILE DE SE DÉBARRASSER DE SES ENNEMIS.
INVITEZ-LES À DÉJEUNER. DONNEZ-LEUR LA VEDETTE.
FAITES-LEUR DES CADEAUX. TRANSFORMEZ-LES EN AMIS.

Il existe différents moyens de se libérer de la haine au profit du pardon, mais il faut avant tout y être disposé. Si vous ne souhaitez pas vraiment vous en débarrasser – si vous estimez avoir besoin de vous y accrocher parce qu'elle vous sert ou vous protège –, ce sera un obstacle. (Pour pratiquer le pardon, reportez-vous à la page 251, dans la partie « Atelier », et faites les exercices. Ils sont simples, agréables et efficaces.) Chaque rapport avec autrui peut conduire au paradis ou en enfer. Il est bon d'être en mesure de choisir sa propre voie et de ne pas se laisser diriger par la colère et la peur, qui semblent se manifester automatiquement pour tenter de prendre les rênes.

Pardonner ne signifie pas rester dans une relation toxique ou violente, ni participer à une entreprise néfaste. Cela veut dire simplement laisser s'évanouir la colère que vous ressentez et souhaiter ce qu'il y a de mieux pour l'autre. Dès lors, vous devenez capable de faire des choix sains pour vous-même.

Vous ne pouvez pas contrôler le comportement d'autrui, mais vous pouvez contrôler la façon dont vous choisissez d'y réagir. Choisissez l'amour ; choisissez la santé. Refusez d'être prisonnier du bourbier de la douleur. Quand vous êtes déterminé à séparer les êtres humains en bons et méchants, vous limitez votre perception et vous êtes incapable de voir les autres, ou de vous voir vous-même, dans le plus grand contexte possible.

La vie est un flux constant, dans lequel chacun contient tout. Quoi qu'un autre être humain ait vécu, c'est également en vous. Comme le flux de la vie est constant, vous pouvez être très en colère un instant, puis vous sentir débordant d'amour le suivant. La possibilité de changer, grandir et se renouveler existe pour chacun de nous. Quand vous voyez les autres sous ce jour, vous les aidez à grandir et vous vivez une existence de pardon. Vous vous extirpez également du piège de l'esprit malveillant qui vous enchaîne à la peur.

Si vous vivez une existence fondée sur le pardon, rien ni personne ne peut vous faire du mal. Et vous acquérez une aptitude énorme à être constructif et joyeux. La vie du rabbin Joseph Gelberman nous en fournit un merveilleux exemple :

> Le rabbin Joseph Gelberman, fondateur du mouvement œcuménique aux États-Unis, est l'exemple par excellence d'un homme qui a vécu toute sa vie dans le plus profond pardon. Il accueille toujours étudiants et amis de tout son cœur. Âgé de quatre-vingt-dix-sept ans et en parfaite santé, il offre discussions, ateliers et bavardages spirituels tout en mariant des couples et en conduisant ses séminaires dans la joie. Je le connais depuis de nombreuses années et jamais je ne l'ai vu juger, blâmer ni critiquer qui que ce soit.
>
> Né en Hongrie, le rabbin Gelberman a perdu toute sa famille – parents, frères et sœurs, femme et fille – dans l'Holocauste. La différence entre les autres survivants et lui tient à sa réaction devant ce cauchemar. Au lieu de sombrer dans l'amertume et la

colère, il s'est dit : « À présent, je vais vivre pour eux. » Il a choisi de consacrer sa vie à créer le dialogue et à faire la paix entre les différentes religions, dans l'espoir – il faut y croire – qu'une telle tragédie ne se reproduirait jamais.

Ses enseignements tournent autour des moyens de répondre à la colère et à la peur. Le chant qu'il chante constamment, à voix haute et pour lui-même, est simple : « Dieu est avec moi, je ne crains rien. »

« La peur n'est qu'une fausse preuve qui paraît vraie, dit-il souvent. Si vous savez que Dieu est là et qu'il vous aime, comment pouvez-vous avoir peur ? Vous succombez à la crainte ou à la contrariété parce que vous l'oubliez. L'angoisse, la peur et la colère ne se manifestent que parce que nous ne savons pas que Dieu est là. »

« La peur est une erreur et un péché », dit-il. Par péché, il entend que la peur rate sa cible. « C'est la preuve que vous avez oublié qui vous êtes et qui est à vos côtés à chaque instant. »

« J'ai beaucoup appris de mon père. Un jour, il y a des années, en Hongrie, nous sommes allés en famille à la synagogue pour le sabbat, comme à notre habitude. À notre retour à la maison, nous avons découvert qu'on nous avait cambriolés. Le voleur avait tout emporté : même notre repas du sabbat. Il ne restait plus rien. Ma mère fondit en larmes ; mes frères et sœurs tremblaient de peur. Mon père se contenta de frapper dans ses mains en disant : "Arrêtez, c'est le sabbat. Le voleur peut tout nous prendre, sauf notre joie du sabbat. Il ne peut pas toucher nos âmes."

« Et il se mit à chanter et à danser en l'honneur du sabbat et nous nous joignîmes tous à lui.

« Je n'ai jamais oublié ce merveilleux après-midi. Chaque fois qu'un événement terrible survient, je me rappelle que quoi qu'on me fasse, on ne peut pas me voler ma joie, on ne peut pas toucher mon âme, si je n'y renonce pas. C'est à moi de la protéger.

« L'une des raisons de ma longévité est que je ne prête guère attention non plus ni aux méchancetés, ni aux visages déformés par la colère. Quand quelqu'un est très désagréable, je remercie Dieu de ne pas être ainsi et cela ne me touche pas. Il est important de trouver de la beauté en chacun et c'est ce que je m'emploie à faire. Est-ce que j'aime tout le monde ? Non, mais je ne déteste pas tout le monde.

« En chacun de nous cohabitent deux moi, le Yetzer Harah et le Yetzer Hatov – le mauvais penchant et le bon. Quand nous nous efforçons de construire notre bon penchant, quand nous nous concentrons sur l'amour et l'acceptation, le mauvais disparaît.

« Si j'ai vécu si longtemps, c'est aussi parce que j'ai découvert le onzième commandement : "Tu auras un but." Il faut que tu saches pourquoi tu es ici-bas, ce que tu as à y faire.

« En ce moment, je prépare à sa bar-mitsva un jeune homme qui, au début, ne s'intéressait pas du tout à l'étude. Finalement, un jour, je lui ai dit : "Es-tu conscient que Dieu a besoin de toi ?" Cela a retenu son attention. "Il a grand besoin de toi, continuai-je. Tu es important pour lui. Il ne peut pas tout faire tout seul."

« Cela surprit ce jeune homme. Cela le rendit très heureux. Après la leçon, il rentra chez lui et dit à sa mère : "Maman, tu savais que Dieu a besoin de moi ?" La mère sourit. "Ce que je fais est très important", continua le jeune homme.

« Après, nos séances d'études changèrent. Il buvait littéralement mes paroles.
« Connais ton but. Dieu a besoin de chacun de nous. Si nous ignorons pourquoi nous sommes ici-bas, il est facile d'être en proie à la peur. Une fois que nous le savons, nous avons un objectif et un soutien. Dès lors, il n'y a pas de raison de craindre quoi que ce soit. Dieu est à nos côtés.
« Quand vous avez trouvé votre but, vous avez trouvé votre vrai partenaire. Prenez le temps de le comprendre. Faites une petite promenade avec Dieu chaque jour, rapprochez-vous de Lui, interrogez-Le sur votre but et taisez-vous pour entendre ce qu'Il a à dire.
« Ce que vous faites alors, c'est construire la foi. La foi nous aide à être résolu quoi qu'il arrive. En chacun de nous il y a une bougie, mais chez certains elle n'est pas encore allumée. Passer du temps en tête à tête avec Dieu nous aide à allumer notre bougie, qui nous permettra de voir où nous allons et éclairera aussi ceux qui se sont égarés en chemin. Notre mission, c'est de garder cette bougie allumée. Comment y réussissons-nous ? C'est fort simple, en fait. À la remise de diplômes de mon séminaire, tous mes étudiants entonnent le même chant. Ils psalmodient une phrase, toujours la même. C'est un chant conçu pour allumer leur bougie et entretenir sa flamme :

Je suis prêt, je suis prêt, je suis prêt
Pour faire le bien et le beau.

« Qui que vous soyez, vous aussi vous pouvez chanter ce chant. Puis faire plus que le chanter – commencer à appliquer ce qu'il dit. Trouvez quelque chose de bien et de beau et faites-le chaque jour. La peur n'aura jamais prise sur vous. »

Acquérir le respect de soi-même

Nous tombons malades
parce que nous agissons
de manière immonde.

Louis Jourard

Comme le montre le rabbin Gelberman, le corollaire d'une vie de pardon et de bonne volonté est le respect de soi-même. Il est impossible d'être plein de haine quand on mène une vie fondée sur le respect. La maladie de la haine de soi est une conséquence directe d'un manque de respect, vis-à-vis de soi-même et du monde dans lequel on vit. Pour dissiper la haine de soi, regardez simplement si vous menez une vie digne de respect.

Mener une vie digne de respect

Dans son for intérieur, chacun sait ce qui a du sens, ce qui a de la valeur à ses yeux et ce qu'il respecte. Que vous en soyez conscient ou non, votre moi intérieur réagit négativement quand vous bafouez vos vraies valeurs et ce qui a du sens pour vous. Le prix à payer dans ce cas est le manque de respect de soi-même.

Sur le chemin de la victoire sur la peur, il est essentiel que vous appreniez ce qui a de la valeur à vos yeux. Quand vous trahissez votre confiance intérieure, vous devenez la proie rêvée de la haine de soi. Un excellent antidote est de mener une vie digne de votre propre respect.

Arrêtez-vous et pensez à ceux que vous respectez le plus dans la vie. Qui sont vos héros, vos héroïnes ? Qu'ont-ils fait pour mériter votre respect ?
Vous saurez ainsi ce à quoi vous accordez le plus de valeur. Regardez ensuite si cela est présent dans votre vie en cet instant. Sinon, incluez-le. Remplissez votre vie de respect de vous-même.

Une fois que vous vous respectez vous-même, vous ne pouvez pas manquer de respect envers autrui. Vous voyez automatiquement ce qui est valable chez l'autre et y répondez de manière positive. Ce faisant, vous commencez à vivre une vie digne de respect.

Réparer un manque de respect de soi

Nous avons tous commis des erreurs, plus ou moins graves. Mais on peut réparer ses erreurs quand on ne baigne pas dans la haine de soi. La haine de soi empêche la cicatrisation et entretient la culpabilité. Peut-être pensez-vous qu'en vous sentant coupable vous effacez l'ardoise. Faux ! La culpabilité, un succédané des vraies réparations, est toxique à bien des égards. Elle vous empêche souvent de prendre les mesures qui vous permettraient de rectifier le tir et de tourner la page.

Examinez les actes dont vous vous sentez coupable. Demandez-vous maintenant ce qu'il faut faire pour réparer la situation. Présenter des excuses ? Rendre un service ? Si la personne à qui vous avez fait du tort n'est plus là, pouvez-vous compenser ce fait en offrant un cadeau à quelqu'un d'autre ? Vous seul savez ce qu'il convient de faire.

Voyez ce qui est nécessaire et faites-le dès aujourd'hui. Les mesures que vous prendrez seront des actes d'amour et de respect – de respect pour vous-même et le monde qui vous entoure. Ces actes transforment les erreurs en avantages pour tout le monde. Comme il est impossible de ne pas commettre d'erreurs, la vraie question est la suivante : avez-vous fait le nécessaire pour les réparer ? Avez-vous transformé vos erreurs en actes bénéfiques ou en fondements pour une vie digne d'être vécue ? Commencez dès maintenant à voir ce qui est nécessaire et réparez une erreur à la fois. (Reportez-vous à la page 243 de la partie « Atelier » pour des directives plus détaillées.)

Bénédictions et actes d'amour

On ne peut pas qualifier d'amour
un sentiment qui ne fait que passer.

Kabir

Les actes d'amour pansent les plaies et empêchent la peur de se manifester. Qu'est-ce que l'amour ? L'amour n'est pas nécessairement un sentiment. Aimer est un verbe, un acte que vous pouvez entreprendre quoi que vous ressentiez. Les sentiments sont comme la météo : ils vont et viennent. Si vous ne contrôlez pas vos sentiments, vous contrôlez toujours votre comportement. Vous pouvez toujours offrir des actes d'amour. Nombre de vos actes peuvent devenir des bénédictions pour vous-même et le reste du monde.

En offrant des actes d'amour, vous vous protégez des effets de la colère. Vous sentez monter la colère ou la haine ? Remplacez-les immédiatement par des actes d'amour. En distribuant vos bénédictions aux autres, vous en profitez aussi. Votre vie prend de l'ampleur et prospère. Aucun acte d'amour offert n'est ignoré, peu importe qui en est le bénéficiaire.

Danny, un habitant de Brooklyn, était assis avec une de ses amies sur un banc du parc de Fort Tryon, près des Cloîtres, à Manhattan. Un chien efflanqué vint poser sa tête sur ses genoux.

« Qu'est-ce qu'on fait ? demanda-t-elle.

— Je le ramène chez moi.

— Mais comment ? Nous n'avons pas de voiture, tu habites à l'autre bout de la ville et les chiens sont interdits dans le métro. »

Danny transforma une ceinture en laisse et prit le métro avec l'animal. Personne ne l'arrêta et le trajet d'une heure et demie se passa sans encombre. Le chien, obéissant, resta sagement assis à ses pieds.

Danny le ramena dans sa petite maison où il le baigna et le nourrit. La nuit, le chien hurla tel un coyote, dérangeant les voisins qui se plaignirent. Danny l'installa dans son sous-sol dont il capitonna les fenêtres. Au bout de deux semaines de bons soins et de sorties dans le jardin de Danny tous les après-midi, le chien avait retrouvé sa forme. Puis un jour, il s'enfuit.

Danny le chercha partout, en vain. Son compagnon lui manquait. Il se demandait souvent où il avait bien pu passer. Puis, un après-midi qu'il était assis sous son porche, il remarqua qu'une meute de chiens errants arrivait. Celui qu'il avait nourri la menait. Danny fut heureux de le voir. Le chien s'immobilisa devant le porche et le regarda longuement. Cela fit du bien à Danny. Il eut le sentiment que le chien était venu le remercier.

Découvrir vos actes d'amour

Le bonheur, c'est d'aimer, non d'être aimé.

Erich Fromm

Il est facile de découvrir quels sont vos actes d'amour. Chacun a les siens. Prenez le temps de dresser une liste d'actes qui ont du sens pour vous. Qu'est-ce qui vous donne l'impression d'être aimé ? Quels actes expriment votre amour pour les autres ? Certains apprécient les cadeaux, les cartes, les fleurs, tandis que d'autres se sentent chéris quand un ami les rappelle sans attendre ou est ponctuel à un rendez-vous. Pour d'autres, il est important que leurs amis tiennent leurs promesses. Le moindre manquement et ils se sentent mal aimés.

Pensez aux actes qui expriment votre intérêt et votre affection. C'est différent d'une personne à l'autre. Des exemples ? Cuisiner pour quelqu'un, rendre visite à un ami hospitalisé, ou faire des courses pour un voisin ayant besoin d'aide. Prenez le temps de découvrir comment vous aimez donner aux autres et ce dont les autres ont vraiment besoin. Il est important de les consulter sur ce qui pourrait leur rendre service et de découvrir ce qui est important à leurs yeux.

Comparez les actes d'amour aux actes que vous faites chaque jour. Ils peuvent être très différents. Incluez certains des actes d'amour de votre liste dans votre quotidien. Quelle que soit votre humeur, faites-en au moins un par jour. Il est surtout bon de faire ces actes pour ceux qui vous causent des difficultés. En pensant à eux avec gentillesse, en leur tendant la main, non seulement vous liquiderez vos propres sentiments négatifs à leur encontre, mais vous apprendrez à les voir sous un jour entièrement nouveau.

Offrir sa bénédiction à son prochain

SI VOUS OFFREZ VOTRE BÉNÉDICTION,
VOUS ÊTES BÉNI À VOTRE TOUR.

Vous avez le pouvoir d'offrir des bénédictions, en d'autres termes d'encourager, d'améliorer la vie. Les paroles que vous adressez aux autres peuvent être sources de bien. Si vous ne vous exprimez pas de manière responsable, si vous vous montrez négatif avec quelqu'un, plutôt que de lui remonter le moral vous le détruisez. Vos intentions ont un énorme retentissement sur vos relations et les conséquences de vos actes. En offrant votre bénédiction, vous montrez votre intention profonde de souhaiter ce qu'il y a de mieux à votre prochain.

Chaque fois que vous prenez conscience d'une pensée négative à l'encontre de quelqu'un, bénissez-le. Dites-lui : « Je vous offre une bénédiction, je souhaite de tout mon cœur que votre vie soit la plus belle possible. Je vous souhaite bonne santé et bien-être. »

Vous pouvez aussi offrir votre bénédiction à des projets. Quand vous offrez une bénédiction à votre travail, ou encore à un projet que vous partagez avec quelqu'un, vous lui donnez l'énergie de l'amour. En pratiquant régulièrement l'offre de bénédictions, vous aurez bientôt la surprise de voir combien votre santé, votre bien-être et votre joie augmentent.

Voir avec les yeux de l'amour

Avec l'amour, tout ce qui est amer devient doux
Avec l'amour, la lie devient nectar.

Rumi

Ce qui suit est un processus qui ne prend qu'un instant et qui transforme vite les contrariétés en bonheur :

Durant un instant, pensez à une personne de votre connaissance qui ne vous aime pas beaucoup. Regardez-vous à travers ses yeux. Que ressentez-vous ? Un certain malaise, n'est-ce pas ?
À présent, pensez à quelqu'un qui vous aime, qui vous porte aux nues. Regardez-vous à travers ses yeux. Quel effet cela fait-il ? C'est merveilleux, non ?

Rien n'est plus facile que d'inverser le cours des choses. Êtes-vous disposé à continuer de regarder les autres comme vous-même avec amour ? Rien ne vous oblige à succomber à la haine de vous-même, ni à la haine de l'autre. Il suffit d'une seconde pour changer de point de vue.

MOMENT CLÉ

Une goutte d'amour suffit à dissoudre toute sorte de haine et de douleur

Une simple goutte d'amour peut faire des miracles. Elle a le pouvoir de provoquer d'incroyables changements dans votre esprit, votre corps, votre cœur. Nous avons tous le pouvoir de donner de l'affection et d'offrir des bénédictions. Nous avons tous une grande quantité d'amour en nous. En privilégiant l'amour plutôt que la haine, non seulement vous guérissez votre vie, mais vous guérissez le monde.

PRINCIPE 6

Renoncer au contrôle et à la domination

Qui cherche à façonner le monde,
Je le vois, n'y réussira pas.
Le monde, vase spirituel, ne peut être façonné.
Qui le façonne le détruira.
Qui le tient le perdra.

Lao-tseu

Le besoin de contrôler notre environnement et nous-mêmes est fondamental. L'univers, et tout ce qui y vit, est un écosystème doté d'un équilibre naturel. Les orages, les tremblements de terre, les feux de forêt et autres perturbations ont lieu pour rétablir un équilibre naturel. La mort elle-même ouvre la place au changement, pour qu'une nouvelle vie se développe. Sans intervention extérieure, la vie ne cesse de se renouveler. Une harmonie et une sagesse ultimes prévalent.

Les êtres humains, en revanche, semblent avoir une peur innée de ne plus rien maîtriser. Nombreux sont ceux qui partagent l'illusion que leur univers et leurs relations vont s'écrouler s'ils n'exercent pas sur eux un certain contrôle. On ne cesse de consacrer une énorme part d'énergie vitale à cela. Perdre le contrôle revient à péter les plombs, perdre l'esprit et soi-même. Perdre le contrôle est comparable à l'éruption d'un désir intense qui ne peut être satisfait ou à la présence d'émotions impossibles à gérer. En fait, tous les humains sont pleins d'une incroyable énergie – émotions, désirs, rêves et aptitudes que l'on refoule généralement, que l'on « maîtrise ».

Le contrôle se présente sous divers aspects, et cela mérite qu'on s'y arrête. Il existe un contrôle sain, naturel, harmonieux de la nature, où les éléments s'emboîtent naturellement et où esprit et corps sont en équilibre, fonctionnent de manière optimale. Avec un contrôle sain, vous ne passez pas votre temps à vous demander si votre foie, vos reins ou encore votre mariage fonctionnent correctement. Vous vaquez à vos occupations, en toute sérénité.

Le contrôle malsain est différent. Il est généré par la peur et intensifié par l'esprit rationnel déstabilisé par le stress. Qu'un événement vienne menacer l'équilibre et le désir de tout contrôler s'installe. C'est une chose de maîtriser la situation et une autre de rechercher le contrôle parce qu'on sent qu'on perd ses moyens. Paradoxalement, plus on s'efforce d'imposer le contrôle, plus on perd ses moyens.

Qu'avez-vous besoin de contrôler, selon vous ? Comment procédez-vous ? Quand ? Cela vous apporte-t-il une sensation de bien-être ou de sécurité, ou au contraire êtes-vous obligé de renforcer le contrôle chaque fois que la situation se reproduit ?

Le désir de contrôle : posséder les autres

En sirotant une tasse de thé vert
J'ai mis fin à la guerre.

Poème zen

Toutes les compulsions sont alimentées par la soif de contrôle. Vous pouvez vous sentir obligé de contrôler vos relations, votre argent, votre temps, votre alimentation, votre sexualité, vos sentiments, vos pensées, votre comportement. Sous l'emprise d'une compulsion, il est difficile de prendre la vie comme elle vient. Il est difficile d'apprécier l'instant, de déguster une délicieuse tasse de thé vert.

> *Julia aimait fréquenter des hommes dominateurs. Ils paraissaient forts, elle se sentait protégée. Plus un homme se montrait possessif, plus elle avait l'impression qu'il tenait à elle. Toutefois, dès qu'il commençait à réduire de plus en plus sa liberté de mouvement, elle se sentait moins aimée. Elle prenait peur et partait en courant.*

Dans toute relation, tôt ou tard, vos besoins authentiques vont faire surface et vouloir s'exprimer. Plus vous essaierez de contrôler une relation, plus vite elle s'écroulera. Personne ne peut être contrôlé ou dominé indéfiniment. En outre, si vous autorisez l'autre à vous dominer, tôt ou tard, il perdra tout intérêt et tout respect pour vous. Son comportement dominateur aura pu vous sembler une preuve d'amour, mais il n'en était rien. Il pourra avoir traduit simplement l'excitation de la conquête.

La compulsion de contrôler les relations

Il inspirait les autres,
ni par la force ni par la domination,
Mais en étant vrai.

Bouddha

Le contrôle est la grande question dans bien des relations. Au début, celui qui contrôle peut paraître plein d'autorité et de pouvoir, mais il n'en va pas du tout ainsi. En fait, les dominateurs ne maîtrisent rien et sont incapables d'accepter ou de gérer leurs propres sentiments. Ils compensent en s'efforçant de dominer n'importe qui. Si dominer les autres leur procure une sensation provisoire de force, dès qu'ils perdent le contrôle de l'autre ou de la relation, il est facile de les percer à jour.

De nombreuses raisons peuvent vous pousser à ressentir le besoin de tout contrôler. Les comprendre vous aidera à prendre du recul et à lâcher prise. Dès que vous lâchez prise, la peur s'envole, vous trouvez votre équilibre, et la vie reprend son cours. À cet instant, il est facile de voir que le contrôle suffoque et n'a rien à voir avec l'amour ou la bienveillance. S'efforcer de tout contrôler ne réussit qu'à créer davantage de tension et empêche l'harmonie de s'installer. Pratiquez l'exercice suivant :

Faites un pas en arrière et cessez de vouloir tout contrôler. Respirez profondément. Ouvrez vos mains, votre esprit, prenez du recul et lâchez prise. Au début, cela vous paraîtra peut-être risqué. Faux. En répétant cet exercice, vous verrez que c'est en lâchant prise que vous vous sentez vraiment en sécurité. (Se reporter p. 241 pour d'autres exercices qui vous aideront à relâcher votre contrôle.)

Dominer ou être dominé

Il arrive que le besoin de tout contrôler naisse de la peur d'être contrôlé soi-même. Peut-être redoutez-vous d'être dominé par quelqu'un, de ne pas savoir comment fixer les limites, ou avez-vous le sentiment de ne pas avoir le droit de dire non. Alors vous compensez en dominant. Apprenez plutôt à fixer des limites saines. Accordez-vous le droit de dire non sans culpabilité.

Il est important de prendre conscience de ses propres schémas. Peut-être tentez-vous de prendre le contrôle en autorisant votre cher et tendre à vous dominer, en disant amen à tout ce qu'il veut. En agissant ainsi, non seulement vous renforcez la compulsion de tout contrôler chez l'autre, mais vous vous effacez. Vous mettez de côté vos sentiments, vos besoins, vos valeurs. Tôt ou tard, votre ressentiment explosera.

Ne permettez à personne de vous dominer. Sachez ce qui compte pour vous et défendez vos positions. Si on vous plaque à cause de cela, tant pis : cette relation ne vous aurait pas permis de vous épanouir.

La pulsion de tout contrôler s'intensifie dans les relations amoureuses, où chacun devient vulnérable. Quand on se sent vulnérable, il est tentant de battre en retraite, de saboter la relation, ou de permettre au soupçon de régner en maître. Ce processus insidieux s'installe souvent lentement : vous avez besoin d'être au courant de tous les faits et gestes de l'autre –, à qui il a parlé, où il est allé. Ensuite, vous vérifiez ses courriels ou ses appels. Dès qu'il n'est pas à côté de vous, vos soupçons s'amplifient. Vous voulez contrôler ses actes, ses choix, ses amis, sa famille, son alimentation, son style vestimentaire.

Ah ! Comme vous l'aimez ! Faux ! Ce n'est pas de l'amour – c'est la compulsion de tout contrôler. Attention ! Cela est nocif et dangereux. Au lieu de nourrir vos fantasmes soupçonneux, affrontez vos craintes. Soyez honnête avec votre partenaire. Communiquez avec lui. Posez des questions, exprimez vos besoins et vos sentiments, et découvrez ce qui vous est nécessaire pour lui faire confiance. Expliquez clairement ce que vous attendez de lui. N'allez pas imaginer que s'il vous aime, il le sait forcément. La plupart du temps, il n'a qu'une très vague idée de ce qui se passe en vous. Apprenez à communiquer.

Max ne croyait jamais sa fiancée, quoi qu'elle dise. Il savait bien qu'il se tramait quelque chose. Elle devait s'intéresser à d'autres hommes et elle lui donnait toutes sortes d'excuses pour expliquer son comportement troublant selon lui. D'abord, elle commença à s'habiller de manière plus provocante, puis à forcer sur le maquillage et le parfum. Lorsqu'il lui en demanda la raison, elle répondit que c'était pour lui plaire. Elle mentait, bien entendu. Tourmenté, il se mit à écouter ses appels téléphoniques, à vérifier ses rendez-vous et la fit même suivre. Sans jamais trouver la moindre preuve qu'elle mentait, il continua de l'accuser. Il dépassa les bornes et, bien qu'amoureuse de lui, elle décida de le quitter. Son besoin malsain de tout contrôler l'avait fait fuir.

Le don de la confiance

Il est difficile de cesser de tout vouloir contrôler si l'on est incapable d'accorder sa confiance. La confiance grandit quand on se fait confiance à soi-même et qu'on se montre digne de confiance. Elle naît aussi quand on consacre du temps à l'autre, qu'on apprend à le connaître. La confiance est un bien précieux qu'il faut nourrir et protéger. Si votre confiance est ébranlée, entrez sans attendre dans le vif du sujet. Parlez-en. Éclaircissez les choses. Expliquez à votre cher et tendre ce dont vous avez besoin pour être en confiance et assurez-vous qu'il vous entend bien. La confiance se construit au quotidien.

Il arrive que votre cher et tendre ne puisse pas vous donner exactement ce qu'il vous faut pour vous sentir à l'abri. Il n'en est peut-être pas capable. Il faut respecter cela et, même en étant épris, acceptez aussi que si vous ne pouvez pas vivre en toute confiance, cette relation n'est peut-être pas saine pour vous.

Quand la peur et la méfiance s'intensifient, les dérapages ne sont plus très loin. Certains se montrent désagréables pour déstabiliser l'autre. Ils multiplient les critiques à son égard et font tout pour saper son estime de soi. Ils se disent qu'un partenaire qui ne se sent pas en sécurité n'aura pas la force de partir ou d'aller voir ailleurs. Et souvent, c'est le cas. La dépendance du partenaire s'accroît et il accepte de plus en plus de dérapages.

Pourquoi des gens se comportent-ils ainsi ? Parce que, d'une manière un peu tordue, ils ont l'impression qu'en exerçant un contrôle ils évitent de souffrir. Ils ne voient pas qu'en fait ils s'attirent les conséquences douloureuses qu'ils redoutent. Pour qu'une relation marche, chaque partenaire doit tenir compte des besoins de l'autre. Le respect mutuel, la communication et la confiance sont essentiels. Bien entendu, cela relève de l'impossible quand l'un des deux éprouve le besoin courant de dominer.

Si tu veux contrôler ton mouton ou ta vache, offre-lui une vaste prairie où s'ébattre.

Suzuki Roshi

Quand vous permettez à votre partenaire d'être qui il est et aux événements de se produire naturellement, vous devenez lucide et il est facile de voir ce qui se passe et comment réagir. Si votre partenaire veut partir, laissez-le faire. S'il est vôtre, il vous reviendra. Sinon, vous ne pourrez pas le garder de toute façon.

Examinez votre relation. Quand avez-vous l'impression de ne pas contrôler la situation et comment y remédiez-vous ? Assurez-vous bien que vous n'êtes pas en couple avec quelqu'un qui vous contrôle. Vérifiez que vous êtes conscient du prix à payer en refusant d'y mettre le holà.

Maintenant, respirez un bon coup et laissez partir le désir de tout contrôler.

Le contrôle sain et son contraire

Ouvre les mains si tu veux qu'on t'embrasse.

Rumi

Il existe des formes de contrôle saines et d'autres qui sont malsaines. Pour avoir un contrôle sain sur votre vie, il faut que vous tolériez de ne pas tout contrôler ou d'être déséquilibré de temps à autre. On dit qu'un pilote vole en dehors de sa trajectoire prévue 99 % du temps. Il ne cesse d'ajuster la route de l'appareil en tenant compte des conditions ambiantes – vent, pluie, altitude, turbulences. Il ne succombe pas à la compulsion de contrôler son vol. Si tel était le cas, il n'aurait ni la souplesse ni la lucidité nécessaires pour s'adapter aux changements inévitables qu'il rencontre. Il ne pourrait pas atterrir en toute sécurité. Quand le pilote est vraiment concentré et lucide, il est présent pour ce qui se passe, il sait ce qu'il faut faire, il exerce un contrôle sain.

Ce même principe s'applique à votre vie et à vos relations. Sous l'emprise de la compulsion de tout contrôler, vous perdez le contact avec les concessions mutuelles de la vie quotidienne, l'évolution des conditions ambiantes, les réponses de votre partenaire et ce que l'on attend réellement de vous. C'est également vrai de votre rapport avec vous-même. Quand vous ne cessez de vous surveiller et de vous contrôler, de vous obliger à vivre selon des règles strictes, vous perdez toute confiance en vous. Au lieu de respecter vos rythmes naturels, vous créez une vie dénuée d'équilibre.

> Un homme découvrit le cocon d'un papillon. Un jour, une petite ouverture apparut : pendant plusieurs heures, il observa la lutte du papillon pour forcer son corps hors du petit trou. L'insecte parut alors cesser de progresser. Il semblait coincé.
>
> L'homme décida d'aider le papillon : il prit une paire de ciseaux et coupa ce qui restait du cocon. Le papillon en sortit alors sans peine. Mais il avait un corps gonflé et petit, et des ailes flétries.
>
> L'homme poursuivit son observation, s'attendant à tout moment à voir les ailes grandir et se déployer pour pouvoir soutenir le corps qui finirait par se contracter. Pas du tout. Le papillon passa le reste de sa vie à ramper avec un corps trop gros et des ailes ratatinées. Il ne put jamais voler.
>
> Ce que l'homme, poussé par sa gentillesse et sa hâte, n'avait pas compris, c'était que le cocon trop petit et la lutte du papillon pour s'en extraire par cette ouverture minuscule étaient la façon dont la nature forçait le corps à irriguer les ailes, afin que le papillon soit prêt à prendre son envol une fois libéré du cocon.
>
> *Afterhours Inspirational Stories*

Faire confiance aux rythmes naturels a une importance capitale. Parfois, les luttes sont nécessaires. Si la nature vous permettait de traverser la vie sans aucun obstacle, vous ne pourriez acquérir de la force ; comme le papillon, vous seriez incapable de voler.

Les relations, y compris le rapport que vous entretenez avec vous-même, sont une danse qui exige souplesse, pleine conscience, et la volonté de ne pas se laisser diriger par des idées préconçues, ni par le besoin d'être apprécié ou de tout contrôler. Ceux qui sont capables de vivre les expériences les plus belles et les plus enrichissantes dans des relations sont ceux qui ont appris l'art de faire confiance et de lâcher prise.

Quel genre de rapport entretenez-vous avec vous-même ? Vous autorisez-vous à vivre naturellement ? Vous autorisez-vous à gérer les obstacles à votre rythme ou vous imposez-vous des attentes et des exigences rigides à tout instant ? Vous pouvez aussi entretenir un rapport violent avec vous-même.

Sois toi-même, c'est tout ce que tu peux être. Sinon, tu t'égares.

Bhagwan Shree Rajneesh

MANIPULATION ET CONTRÔLE : LES FIGURES D'AUTORITÉ

Les formes de contrôle les plus dangereuses sont celles dont vous n'avez pas conscience. Elles peuvent avoir un effet encore plus puissant en s'immisçant dans votre inconscient et en agissant sur vous de façon subliminale, ce qui crée chez vous un malaise ou de la peur sans que vous sachiez pourquoi. Quand vous êtes effrayé et soumis, il est plus facile de succomber à un contrôle nuisible. Toutefois, dès que vous êtes en état de pleine conscience, vous êtes capable de *discernement* et vous êtes en mesure de *choisir* d'accepter ou non la suggestion négative, qu'elle vienne de gens ordinaires ou d'autorités puissantes.

Sue Matthews, dont nous avons parlé précédemment, nous offre de cela un merveilleux exemple : elle a refusé de se soumettre à l'autorité dans sa lutte pour sauver la vie de sa fille Taylor. Il était hors de question pour elle de tout prendre pour argent comptant. Elle s'est renseignée sur l'état de sa fille et a remis en question toutes les hypothèses. Elle a assisté à tous les examens médicaux et, au lieu d'accepter automatiquement le protocole établi, elle a constamment réclamé des explications. Cela lui a demandé de l'audace et du courage, mais la vie de sa fille était en jeu. Pendant notre entretien, Sue m'a décrit un incident symptomatique du combat qu'elle a dû mener.

> Une fois de plus nous nous retrouvions aux urgences. On examina rapidement ma fille et on lui installa une intraveineuse d'antibiotiques pendant que je m'entretenais avec les urgentistes. Comme ils ne connaissaient pas son dossier et qu'ils étaient débordés, leurs réponses étaient généralement incomplètes et inexactes. Comme d'habitude, j'insistai pour qu'ils appellent le médecin de garde, et, comme d'habitude, ils refusèrent sous prétexte qu'ils étaient parfaitement capables de gérer la situation.
>
> Je compris alors que nous avions un grave problème et que la partie était loin d'être gagnée.
>
> J'appelai le médecin de garde moi-même, prétendant téléphoner de chez moi. Quand elle me rappela, je découvris qu'elle se trouvait quelques étages plus haut dans l'hôpital. Je poussai un soupir de soulagement en apprenant qui elle était, parce que je

savais qu'elle me dirait la vérité. Elle descendit aux urgences et confirma mes craintes. Oui, une fois de plus, ma fille se trouvait dans un état critique. Oui, mes soupçons étaient fondés : l'hôpital où nous nous trouvions, celui que nous fréquentions le plus régulièrement, n'était pas disposé à effectuer les procédures nécessaires pour sauver la vie de Taylor. Il fallait aspirer le liquide qui noyait ses poumons, mais du fait de complications et de questions de responsabilité, ils refusaient de le faire. Ils se contentaient de lui injecter des antibiotiques par intraveineuse.

Cela peut paraître étrange, mais j'étais soulagée que le médecin m'ait dit la vérité. Au moins, je savais à quoi m'en tenir. Mes options étaient limitées. Ou je retirais l'intraveineuse moi-même à ma fille et j'essayais de sortir discrètement avec elle des urgences, ou je leur annonçais que je partais. Je savais qu'ils me diraient que je ne pouvais pas l'emmener. Je parcourus les couloirs et remarquai qu'il n'y avait pas assez d'activité cette nuit-là pour nous permettre de filer à l'anglaise.

Pourquoi ne puis-je pas les convaincre juste pour cette fois que, si nous ne partons pas, Taylor va mourir ? Je commençai ma croisade. Je m'adressai à la personne la moins expérimentée que je pus trouver sur un ton gentil et maternel. Et paf, la réponse arriva. Celle à laquelle je m'étais préparée. « Madame Matthews, si vous tentez de faire sortir votre fille de cet hôpital alors qu'elle est dans un état critique, on vous passera les menottes et vous finirez au poste de police. »

Je compris que ce n'était pas la peine de lutter. Il fallait que je procède à une mobilisation générale. Je fonçai aux toilettes que je transformai en QG.

Je téléphonai à mon mari à la maison. Aussi désespéré que moi, il entreprit aussitôt de contacter d'autres médecins et hôpitaux pendant que je m'y employais de mon côté. Nous faisions le point toutes les cinq minutes. Nous passâmes des heures à nous efforcer de prendre de nouvelles dispositions. Entre deux coups de fil, j'allais voir Taylor. Elle dormait, et toute la nuit, on alimenta son intraveineuse avec des antibiotiques.

« Tiens le coup, chérie, lui murmurais-je. Tu vas t'en tirer. Papa et moi allons te sortir de là. »

Finalement, à l'aube, je réveillai Taylor à la lueur de gyrophares rouges. Nous nous étions échappées légalement, une ambulance était venue nous chercher. Nous allions être transférées dans un autre hôpital qui était prêt à effectuer les procédures nécessaires pour sauver la vie de ma fille.

Différentes pensées ont traversé mon esprit, dont ce que j'avais lu dans un livre du Dr Bernard Siegel. Selon lui, le patient qui pose des questions aux médecins, qui ne prend pas leurs réponses au pied de la lettre, est celui qui a le meilleur pronostic. Il fallait que je prenne la situation en main. Je tenais à voir grandir ma fille.

L'attachement aux figures d'autorité

L'attachement à un système, ou à un être, est l'indication d'une fuite angoissée devant la vie.

Henry Miller

Certains d'entre nous ont besoin d'avoir toutes sortes de figures d'autorité dans leur vie. Cela leur donne un sentiment de sécurité : quelqu'un, quelque part, sait ce qui est bon et bien pour eux, sait quelle direction on doit prendre – le médicament *ad hoc*, la meilleure façon de vivre, qui épouser, qui repousser.

Nous avons tous besoin de héros, besoin de respecter, d'admirer quelqu'un. C'est comme cela que l'enfant voit ses parents. Pour un enfant, rien ne serait plus effrayant que de grandir sans des parents qu'il peut respecter, idéaliser, sur qui il peut compter pour le protéger. Avec l'âge, ce besoin devrait diminuer. Souvent, ce n'est pas le cas. Nous ne sommes pas nombreux à être capables de mûrir complètement et de voir les autres tels qu'ils sont – avec leurs points forts et leurs faiblesses.

Quand l'admiration pour un tiers est saine, cette personne devient une source d'inspiration ou un modèle. En revanche, quand l'admiration est malsaine, on le paie très cher. En plaçant quelqu'un sur un piédestal, on renonce à ses propres droits. Une admiration excessive crée une dépendance et l'on se met à croire que tant que l'objet de cette admiration est là, on est en sécurité – il prendra soin de nous. Il est même possible d'aller jusqu'à penser que cette personne est plus proche de Dieu que soi-même. Les figures d'autorité nous délivrent de la responsabilité d'avancer tout seuls et de trouver nos propres réponses.

VOUS NE POUVEZ PAS COMMETTRE D'ERREUR
PLUS GROSSIÈRE QUE DE RENONCER
À VOTRE DROIT DE VOUS TROMPER.

Plus vous vous accrochez aux figures d'autorité, plus vous vous exposez à être déçu dès que vous les verrez sous leur vrai jour. Quand vous comprendrez que votre idole est humaine, qu'elle peut commettre des erreurs, hésiter, vous manipuler, voire chercher à vous dominer, votre univers s'écroulera peut-être. Certains en sont tellement anéantis qu'ils sont incapables de tourner la page. D'autres, furieux contre les figures d'autorité, gâchent des années à les haïr et à divulguer leur fraude.

Lorsqu'on leur demande pourquoi ils ont commis des actes atroces, nombreux sont ceux qui déclarent pour se défendre : « J'exécutais les ordres, c'est tout. » Ce qui comptait le plus à leurs yeux, c'était de suivre aveuglément l'autorité, même s'ils savaient que les instructions étaient condamnables et injustes. Ces individus se coupaient ainsi de leur propre humanité et de leur sens inné du bien et du mal. Ils renonçaient à leur libre arbitre, se livraient pieds et poings liés, et ils s'étonnaient ensuite de s'être fait piéger.

Rares sont ceux qui sont aptes ou prêts à suivre leur propre voie, à devenir leur propre autorité. Nyogen Sensaki, un maître merveilleux, nous enseigne comment y parvenir :

NE PLACEZ PAS UNE AUTRE TÊTE SUR LA VÔTRE.
QUE REPROCHEZ-VOUS À CELLE-CI, AU FAIT ?

Qui sont les figures d'autorité dans votre vie et pourquoi ? Qu'est-ce qui vous incite à les mettre dans cette position ? Qu'ont-elles de plus que vous ? Êtes-vous disposé à revendiquer les qualités que vous leur attribuez ? Que possédez-vous qu'elles n'ont pas ?

Le sage soufi Nasrudin n'était dupe d'aucune forme d'autorité et savait relativiser la question du bien et du mal.

> Nasrudin fut nommé magistrat. Pendant sa première affaire, le plaignant fut si convaincant qu'il s'exclama : « Je pense que vous avez raison. »

Le greffier le pria de se maîtriser puisque le prévenu ne s'était pas encore exprimé. Nasrudin était l'autorité suprême dans cette situation et il fallait qu'il se montre juste.

Nasrudin écouta le prévenu, dont l'éloquence l'enthousiasma tant qu'il s'écria à la fin de sa tirade : « Je pense que vous avez raison. »

Le greffier se devait d'intervenir.

« Votre Honneur, ils ne peuvent pas tous deux avoir raison, dit-il.

— Je pense que vous avez raison », lui répondit Nasrudin.

Idries Shah

C'est très bien d'admirer d'autres êtres humains, d'être inspiré, guidé, protégé par eux. Travailler dans le respect et l'harmonie avec ses supérieurs au travail est nécessaire. En revanche, accorder à un tiers l'autorité sur votre vie intérieure, le contrôle de vos pensées, choix, décisions et actes, c'est abdiquer. Vous invitez cet individu à vous manipuler et à prendre votre bien-être en main. Si vous êtes sous l'emprise d'une soi-disant autorité, il est temps d'inverser la vapeur. Récupérez votre pouvoir et votre sagesse. Surmontez votre peur. Affirmez votre propre valeur.

Où placez-vous votre confiance ? Vers qui ou quoi vous tournez-vous en temps de crise ? Qui ne vous laisse jamais tomber ? Savez-vous vous tourner vers vous-même ? Quand une circonstance vous pousse à vous tourner vers quelqu'un d'autre, tournez-vous vers vous-même. Asseyez-vous et demandez-vous de quoi vous avez besoin, puis attendez la réponse. Plus vous agirez ainsi, plus le conseiller qui est en vous se développera.

Le plus grand cadeau que vous puissiez recevoir, c'est d'entrer en contact avec l'immensité de vos dons et de vos ressources. Celui qui veut vous priver de ces dons, qui veut que vous le considériez comme l'autorité suprême, n'est pas votre ami. Pourquoi gâcheriez-vous votre trésor de sagesse ? Pourquoi n'en profiteriez-vous pas vous-même ?

Dans la société, la vertu la plus demandée, c'est la conformité. L'autosuffisance est honnie. La société n'aime pas la réalité, mais les étiquettes et les coutumes. Le seul droit est celui défini par ma constitution et tout ce qui va contre elle est dans l'erreur.
Nous ne sommes pas des saules qui ploient, nous avons les moyens de nous détacher, il faut que nous nous détachions. En pratiquant la confiance en soi, on se découvre de nouveaux pouvoirs.

Ralph Waldo Emerson

Les abus religieux et spirituels

La pratique religieuse et spirituelle est un domaine où les autorités dominent et où la peur, le contrôle et la manipulation se déchaînent souvent. La véritable pratique religieuse et spirituelle est si *essentielle* dans la vie qu'il faut dénoncer tout abus de pouvoir.

De nombreux systèmes religieux sont non seulement peuplés de figures d'autorité mais aussi de textes qu'il n'est pas question de remettre en cause. Quiconque s'y risque encourt de graves châtiments. La peur est partout – celle de creuser les interrogations, et celle des conséquences en cas de non-obéissance inconditionnelle.

Quand nous nous tournons vers la pratique religieuse ou spirituelle, nous arrivons avec des interrogations et des besoins qui sont profonds. Nous venons y chercher des moyens de comprendre l'immense mystère de la vie et les incessants défis que nous affrontons chaque jour. L'être humain a besoin de sens ; il ne peut s'épanouir s'il en est privé. Toutes les pratiques religieuses et spirituelles ouvrent une voie dans le dédale des questions et du désespoir. C'est une quête que nous devons tous entreprendre, pour entrer en contact avec ce qui nous dépasse et nous libérer de l'emprise de la peur.

Cette quête est si importante qu'elle ne peut être usurpée par des autorités, déformée par la peur et remplie d'une grosse dose de contrôle et de manipulation. Étudiez de près vos chefs spirituels. Certains de ceux qui deviennent des autorités religieuses ou spirituelles se nourrissent et se délectent du pouvoir que leur position leur donne sur la vie des autres. Du fait de l'adulation dont ils sont l'objet, ils se sentent supérieurs, ils ont l'impression d'avoir été choisis de façon divine, de connaître les réponses ultimes, et se sentent autorisés à agir comme bon leur semble. Si vous y regardez de plus près, le comportement de ces autorités religieuses et spirituelles entre souvent en contradiction avec les croyances et les textes qu'ils défendent aussi catégoriquement. Si quelqu'un est blessé, puni, victime d'ostracisme, ou humilié au nom d'une pratique religieuse ou spirituelle, c'est le résultat d'une manipulation et d'un contrôle.

Si vous êtes sous l'influence de figures d'autorité dont les croyances dogmatiques ne peuvent être remises en cause, vous n'êtes pas en présence de vrais chefs spirituels. Toutefois, dès que vous niez toute autorité à ces figures négatives – dès que vous les considérez comme les voyous, les charlatans, les hystériques ou les assoiffés de pouvoir qu'elles sont souvent –, vous avez franchi la première étape pour défaire les chaînes d'or qui vous retiennent prisonnier. Vous avez récupéré la richesse et la puissance curative de la vraie pratique spirituelle en la faisant vôtre.

Quelle est votre pratique spirituelle ? Comment affrontez-vous les questions fondamentales de la vie ? Vers quoi vous tournez-vous pour trouver des réponses ? Cette pratique vous respecte-t-elle, vous donne-t-elle l'occasion de chercher et de mûrir ? Ou bien êtes-vous obligé d'obéir aveuglément ?

Défaire les chaînes d'or

Pour vaincre la peur, il nous faut nous défaire des chaînes qui nous lient, nous attachent à l'autorité implacable, aux dogmes et à l'obéissance aveugle. Non que l'obéissance soit forcément négative – elle ne l'est pas si nous avons choisi d'obéir. Mais l'obéissance aveugle qu'on nous impose, les dogmes que nous ne sommes pas autorisés à remettre en cause nous maintiennent dans le brouillard, font de nous des proies toutes trouvées pour la manipulation. Nous nous méfions de notre véritable héritage, un esprit pensant et un cœur capable de discernement. Nous abdiquons la responsabilité de nos choix et de nos actes en nous contentant de suivre le mouvement. Une pareille vie nous étrangle, mais en plus elle est inévitablement nuisible pour les autres.

Toutes les écritures religieuses nous avertissent de ce danger. La Bible hébraïque nous dit clairement :

VIENS À MOI DIRECTEMENT, NE T'ADRESSE PAS
À L'HOMME DONT LE SOUFFLE PASSE PAR LES NARINES.

Et le Coran nous rappelle :

N'EMMÈNE PERSONNE AVEC TOI QUAND TU VAS PRIER
DIEU, PRIE DIEU, SEULEMENT DIEU.

Le Nouveau Testament proclame :

MOI, JE SUIS LE CHEMIN, LA VÉRITÉ ET LA VIE.
NUL NE VIENT AU PÈRE SINON PAR MOI.

CHOISISSEZ LA VIE

Un grand pas à franchir pour reconquérir votre liberté est de réhabiliter votre capacité de choisir.

La capacité de choisir est un don immense. En choisissant, vous prenez vos responsabilités. On dit que si vous rencontrez des obstacles, c'est pour que vous appreniez à choisir. Vos choix déterminent votre personnalité – vous êtes ce que vous choisissez. Il est écrit dans la Bible : « Je te propose la vie ou la mort, la bénédiction ou la malédiction. Choisis donc la vie. »

Quels sont les principaux choix que vous avez faits dans votre vie ? Quelles en ont été les conséquences ? Souhaitez-vous revenir dessus ? Vous en sentez-vous capable ? Revenez dessus maintenant.

Choisissez ce qui est bénéfique. Choisissez de suivre ce que vous dicte votre cœur. Choisissez d'être votre propre maître, d'ouvrir vos yeux, vos oreilles, votre esprit. Nous sommes trop souvent les victimes de gens, d'habitudes, du destin. Pourtant, chaque jour nous apporte son lot de choix. Les nouveaux choix sont comparables à des graines à planter dans le sol de notre vie. Ils exigent nourriture et soins, puis, tôt ou tard, ils deviennent des fleurs, des occasions à saisir, de nouvelles circonstances, de nouvelles démonstrations de courage et d'amour.

L'histoire qui suit apparaît sous différentes formes dans de nombreuses cultures. Elle saisit l'essence de votre responsabilité pour agir et faire des choix sages dans la vie.

Le fleuve sortait de son lit et l'eau montait autour de la maison de Jim. Les flots léchaient le perron. Un homme qui passait en barque lui cria : « Venez, je vous emmène au sec.

— Non, répondit Jim. Mon Dieu me sauvera. »

Il courut alors au premier étage de sa maison. Le fleuve montait toujours. Un homme en hors-bord lui cria :

«Venez, je vous emmène au sec.

— Non, mon Dieu me sauvera. »

Jim se hissa sur le toit. Le fleuve montait toujours. Jim se réfugia sur le faîte du toit. Un hélicoptère le survola. Les hommes à bord lui crièrent à l'aide d'un mégaphone : « Attrapez la corde et montez, et nous vous emmènerons au sec.

— Non, mon Dieu me sauvera. »

Le fleuve monta encore, engloutit la maison et Jim se noya.

Il se retrouva face à Dieu. Furieux, il lui lança : « Je vous faisais confiance. Pourquoi m'avez-vous abandonné ? »

Dieu sourit et répondit : « Jamais je ne t'ai abandonné. Je t'ai envoyé une barque, un hors-bord et un hélicoptère. Pourquoi les as-tu ignorés ? »

Quels choix avez-vous faits aujourd'hui ? Étiez-vous conscient qu'il fallait faire un choix ou avez-vous réagi automatiquement ? Avez-vous choisi d'agir ? Avez-vous choisi la gentillesse – avez-vous fait un effort, communiqué avec honnêteté, répondu de tout votre être ?

Plus vous choisissez, moins vous avez besoin que des figures d'autorité décident pour vous et vous fournissent leurs réponses aux questions que vous vous posez.

Non seulement vous avez reçu le don du choix, mais aussi celui de la parole et de l'ouïe. Ce sont là des outils essentiels que vous pouvez utiliser pour mettre un terme à la manipulation et au contrôle. Vous en servez-vous ? Dites-vous vraiment ce que vous pensez, demandez-vous ce dont vous avez besoin, ce qui vous est nécessaire, savez-vous écouter et entendre ? Êtes-vous disponible pour ce que les autres vous communiquent ou vivez-vous dans votre univers de fantasmes et de peur ?

La communication

Jill n'hésite pas à se mettre en colère contre Jack
Parce que Jack ne fait rien
Elle est en colère contre Jack
Parce qu'il ne fait rien
Elle est en colère contre Jack
Parce qu'il ne lui fait pas peur
Il ne lui fait pas peur
Parce que, comme il ne fait rien, il n'est bon à rien.
Elle se sent en sécurité avec lui.

Ronald D. Laing, *Nœuds*

Une grande partie de la manipulation et du contrôle naît d'un dérapage de communication. Quelqu'un dit une chose et en pense une autre. Vous ne savez pas sur quel pied danser et, du coup, vous êtes affaibli et manipulé. Des promesses non tenues. Des mots creux. Des gens qui sentent vos besoins les plus profonds vous traitent comme une marionnette – vous séduisent, vous taquinent, vous allèchent, sans avoir la capacité ni l'intention de vous donner ce qu'ils vous ont promis.

Toutefois, on voit rapidement à travers les faux-semblants. Vous avez beau jouer la comédie, vos communications plus profondes sont toujours entendues – et l'on y répond. Il ne peut en être autrement. La vraie question en l'occurrence est la suivante : êtes-vous prêt à affronter ouvertement votre vérité et à la partager avec les autres ? Dès que vous le faites, vous sortez de la compulsion et vous exercez un contrôle sain.

Avec qui êtes-vous le plus disposé à communiquer ? Avec qui n'êtes-vous pas disposé à communiquer ? Pourquoi ?

Beaucoup de gens se plaignent d'être incompris. Les épouses se plaignent que leur conjoint ne communique pas. Les salariés ont l'impression que leur patron ne les écoute pas. Les familles ont elles aussi des modes de communication complexes. Certaines s'efforcent à tout prix de protéger un secret. Certains consacrent leur vie non à communiquer mais à dissimuler, à taire et à se cacher derrière une façade. Ces individus ne cherchent qu'à utiliser la communication comme moyen de contrôle. Le refus de communiquer est aussi une forme de communication.

Les nombreuses facettes de la communication

Afin de vaincre la peur, il faut commencer par comprendre le pouvoir de la communication et l'importance d'être direct et sans ambiguïtés. Il existe tout un éventail de formes de communications – celles qui apportent bien-être et joie et celles qui augmentent la douleur, vous contrôlent et vous détruisent. Avec certains, les plantes s'épanouissent. Avec d'autres, elles se flétrissent. Pourquoi ? Les plantes n'ont pas besoin de raison. Elles ne posent pas de questions. Elles fleurissent ou meurent, c'est tout. Vous avez beau raisonner, vous aussi fleurissez ou mourez en compagnie de certains. Il est important d'apprendre à le remarquer, d'écouter ce que vous disent vos tripes, plutôt que de vous concentrer sur ce que vous croyez être *censé* ressentir.

La communication a de nombreuses facettes. Vous vous exprimez et vous écoutez de bien des façons. D'abord, il y a les mots que vous prononcez. Derrière les mots, votre langage corporel, vos messages et gestes imperceptibles. Comment vous tenez-vous, comment êtes-vous assis, comment bougez-vous ? Comment êtes-vous habillé ? Sur quel ton parlez-vous ? Votre communication verbale correspond-elle à votre communication non verbale ? Dites-vous une chose avec des mots et une autre avec votre attitude ? Il existe autant de manières de communiquer qu'il existe de gens et tout autant de manières d'écouter et d'être entendu.

On vous dit comment vous êtes censé répondre à toutes sortes de communications, ce que vous êtes censé ressentir. On s'attend généralement à ce que vous appréciiez quelqu'un à cause de ses qualités et à ce que vous le détestiez à cause de ses défauts. En vérité, cela ne fonctionne pas ainsi. En votre for intérieur, peut-être préférez-vous les prétendus méchants aux supposés saints. C'est la communication fondamentale qui importe, vos tripes savent ce qui se passe. Apprenez à vous fier à ce que vous souffle votre instinct, et vous cesserez de vous retrouver sur la touche ou d'être manipulé.

La mystification

Je ne me respecte pas
Je ne peux respecter
quelqu'un qui me respecte.
Je ne peux respecter
que celui qui ne me respecte pas.
Je respecte Jack
Parce qu'il ne me respecte pas.
Je méprise Tom
Parce qu'il ne me méprise pas.
Seul un être méprisable
Peut respecter quelqu'un
d'aussi méprisable que moi.

Ronald D. Laing, *Nœuds*

La mystification est une autre forme de manipulation et de contrôle – les efforts conscients ou inconscients d'un individu pour troubler ou nier les sentiments et les perceptions d'un autre, voire les siens propres. Principal ingrédient des rapports abusifs, la mystification est une forme de communication toxique qui sape le bien-être et détruit.

Êtes-vous disposé à vous exprimer de manière ouverte, honnête ? Ou bien préféreriez-vous recourir aux insinuations et aux mots à double sens ? Voilà le choix que vous avez à faire.

Quand on vous mystifie, vous avez le sentiment de perdre pied. Vous recevez simultanément deux types de communication. Vous entendez un message avec des mots et un autre non verbal, ou encore votre interlocuteur dit une chose et fait le contraire. Vous ne savez plus à quel saint vous vouer. Ce genre de communication provoque la paralysie et suscite une peur profonde. C'est à devenir fou.

Chacun de nous a besoin d'être connu, entendu et reconnu. Si vous refusez d'écouter ou d'absorber une communication confuse et des messages contradictoires, personne ne peut vous contrôler ni vous manipuler. Il faut décoder les messages contradictoires et répondre à la communication de fond. Pour y parvenir, il faut apprendre à écouter non seulement les mots que vous entendez mais aussi la sensation que vous donne la communication. On dit parfois qu'on reconnaît la véritable intention de la communication à la réponse qu'elle suscite.

Découvrez si vous utilisez la communication pour entrer en contact avec l'autre, ou au contraire pour dissimuler, travestir vos intentions. Quel message sous-jacent envoyez-vous ?

De personne à personne

La façon dont vous vous adressez aux autres révèle la vraie nature de vos rapports avec eux. L'autre ne répond peut-être pas à vos paroles, mais au ton que vous employez et qui lui communique la façon dont vous le voyez. Implicitement, quoi que vous disiez, vous communiquez toujours l'importance que vous accordez aux autres, la place qu'ils occupent dans votre univers.

L'autre peut n'avoir aucune importance pour vous et vous lui parlez comme à un objet, quelqu'un qui n'existe que pour servir vos fins. C'est de la communication complètement impersonnelle, un automatisme. (« Ça va ? »)

Dans une situation pareille, la personne à qui vous vous adressez va se ratatiner intérieurement. Elle aura l'impression qu'on la malmène, qu'on lui fait la leçon, qu'on la bouscule. Dans les cas les plus graves, elle aura la sensation qu'on lui vole sa vie. Certains patrons s'adressent ainsi à leurs employés, comme si ces derniers n'étaient pas des êtres humains mais des objets. Les salariés ont le sentiment de compter pour du beurre. Et ils ne se trompent pas, en général.

Il y a d'autres moyens d'entrer en rapport avec les autres. Là, vous vous autorisez à être pleinement conscient que l'autre est aussi une personne. Un être humain qui a le droit d'avoir ses sentiments et ses réactions propres. Vous laissez de la place à ce qu'il a d'unique. Vous l'autorisez à être qui il est, avec ses différences. Ce genre de rapport peut se transformer en dialogue.

Il n'y a ici ni doués ni sous-doués, rien d'autre que ceux qui se donnent et ceux qui se refusent.

Martin Buber

Le premier genre de rapport, où l'autre est vu comme un objet, est ce que Martin Buber a appelé le rapport moi-ça, où aucune communication n'est possible. L'autre est réduit à un objet fait pour satisfaire vos désirs. Dans le second, quand vous accordez à l'autre le statut d'être humain avec sa propre personnalité, ce que Buber appelle un rapport moi-toi, vous vous ouvrez de plus vastes horizons. Cela peut vous paraître risqué – parce que c'est imprévisible – et vous pouvez craindre d'avoir affaire à l'incontrôlable. Mais là est votre seule chance d'une vraie rencontre.

Les vraies rencontres

Souvenez-vous, il n'y a qu'une seule raison d'agir.
Seule compte la rencontre avec l'Ami.

Rumi

Il vous arrive d'être courageux et capable de dire oui à ce qui se produit. Vous ouvrez votre cœur, vous lâchez prise, et vous prenez tout ce qui vient. Peut-être laissez-vous même votre cœur parler. Votre cœur a un langage bien à lui. Sa voix est toujours impatiente de se faire entendre et, quand elle s'exprime tout simplement, une vraie rencontre peut se produire.

Une vraie rencontre vous conduit à votre vérité. Plus besoin de rien contrôler, l'autre cesse d'être autre. Une entité séparée. Vous comprenez que tout n'est vraiment qu'un.

Les vraies rencontres peuvent se produire spontanément. Durer un instant ou plus longtemps. Elles se produisent entre deux êtres, ou entre un individu et le ciel, un rocher, un oiseau, un chant. Il est impossible de provoquer une vraie rencontre. Elle se présente de son plein gré. Il ne vous reste qu'à apprendre à lui ouvrir les bras.

Dans une vraie rencontre entre deux personnes, les ingrédients les plus importants sont deux individus qui sont vrais et qui sont disposés à être pleinement présents. Pendant la rencontre, chacun est prêt à abandonner le besoin de contrôler. Chacun oublie aussi son besoin de lire de l'admiration dans les yeux de l'autre, d'être important ou encore d'avoir raison. Il n'est plus nécessaire de se protéger ; chacun comprend même qu'il n'y a rien à protéger. C'est une rencontre incroyablement libératrice. Lorsqu'elle se produit, vous vous surprendrez peut-être à rire de bon cœur ou à fondre en larmes.

Nous avons tous eu un aperçu de ce genre de rencontre un jour ou l'autre. Tout le monde doit y avoir droit. Pour trouver ce genre de rapport, il faut apprendre à se préparer, à l'inviter.

Martin Buber en décrit superbement un exemple dans son livre *Between Man and Man* :

Deux inconnus se rencontrent sur un quai de gare désert au petit matin. L'un lit son journal. Le train arrive, tous deux montent, s'assoient l'un à côté de l'autre, sans s'adresser la parole.

Soudain, de manière complètement imprévisible, le voile qui dissimule leur cœur se lève. Ils cessent tout à coup de vivre sur la défensive et de s'ignorer. Sans qu'un seul mot soit prononcé, une réelle communication coule de l'un à l'autre. Durant cet instant, chacun sait tout de l'autre et se sent aussi proche de lui que de lui-même. Leurs deux cœurs se sont ouverts et ont parlé : chacun est comblé et béni.

Buber explique que c'est comme si un charme se rompait et que la réserve que chacun s'impose généralement s'était envolée. Ainsi une vraie rencontre a lieu.

Ce genre d'ouverture est possible pour chacun de nous. En vous préparant à une vraie rencontre, vous passez à un niveau de communication plus profond. D'aucuns appellent ça une communion. Où l'on vit l'expérience de toucher ce qui nous dépasse. Pendant la communion, vous êtes simplement là, en présence d'un autre ou seulement de la vie elle-même. Nul besoin de parler ni d'agir. Vous êtes pleinement disponible pour ce qui se produit et, en vous y laissant aller, vous pénétrez dans l'unité et l'amour. À cet instant, toute votre vie s'ouvre et vous voyez enfin la beauté de qui vous êtes vraiment.

À l'improviste,
Dans la
Touffeur de la Floride
Le héron bleu a dansé
Pour moi.
Il a levé une patte fragile

De la boue,
L'a tendue
Et a tournoyé
Pour moi.
Nous sommes tombés amoureux.
Il m'a regardé,
Heureux que je sache voir
Voir, voir
Derrière le voile de plumes
Et des ailes
Ce qui vivait vraiment,
Et que lui,
Dans un instant d'audace,
Ait virevolté,
Étalé ses ailes,
Et osé
Tomber amoureux
De moi.

Eshin

MOMENT CLÉ

En lâchant prise, vous faites de la place pour le bon qui reste à venir

Emerson dit qu'il existe une loi naturelle du magnétisme qui attire vers chacun ce qui lui appartient vraiment et ce qui est pour son bien. Plus vous cesserez de contrôler la vie pour l'accepter, l'honorer et l'accueillir, plus votre vie sera remplie non seulement de sérénité, mais des nombreux dons que l'univers garde en réserve pour vous.

PRINCIPE 7

Découvrir sa nature parfaite : devenir un ami

Renoncez à vos grands airs, messieurs
Ils ne vous apporteront rien de bon
C'est tout ce que j'ai à vous dire.

Lao-tseu

La plupart du temps, nous évaluons notre réussite en nous comparant aux autres. Si nous ne comptons ni parmi les premiers, ni parmi les plus beaux, les plus riches ou les plus intelligents, nous avons le sentiment qu'il nous manque quelque chose. Notre propre valeur se mesure au fait que nous sommes meilleurs que les autres, que nous les dépassons. Dès lors, non seulement nous sommes obligés de constamment faire le point sur nos avancées, mais nous ne sommes pas conscients de l'effet destructeur que cela a sur nos relations. L'autre devient tout simplement un objet à surpasser ou à conquérir. Inévitablement, ce mode de vie conduit à une profonde solitude et à une existence engoncée dans la peur. C'est appliquer la loi de la jungle où seuls les meilleurs et les plus aptes survivent.

Dans un célèbre conte zen, un homme se rend dans une boucherie bien achalandée. Son tour venu, il réclame le meilleur morceau de viande.

Le boucher répond en riant : « Chaque morceau est le meilleur. »

Quand il vous faut toujours être meilleur que les autres, vous vivez dans la « conscience de la pénurie », avec le sentiment qu'il n'y a jamais pour vous assez d'amour, de louanges, de réussite ou d'argent ; il faut que vous vous jetiez sur ce qui est bon pour que cela ne tombe pas entre les mains des autres. Pourtant, quoi que vous obteniez, ce n'est jamais assez. Et quand un autre reçoit quelque chose, vous êtes sûr que cela représente autant en moins pour vous. S'ils gagnent, vous perdez.

Dans cet état d'esprit, il est facile d'oublier l'abondance qui règne dans l'univers, qui ne cesse de se reconstituer et de donner davantage. En réalité, il n'y a jamais pénurie de louanges, de réussite, de relations ou de nourriture d'un genre ou d'un autre. Quand l'un reçoit, personne n'est plus pauvre pour autant. Il y en a toujours assez pour tous. Ceux qui sont prisonniers de la conscience de la pénurie projettent leur sentiment de vide fondamental sur le monde. Ils ont oublié leur vraie place dans la vie et surtout oublié leur Source.

Le bonheur de l'homme naît d'une parfaite harmonie avec les autres.

Tchouang-Tseu

Se souvenir de sa Source

Cléa fréquentait assidûment les soirées de célibataires, bien décidée à décrocher le meilleur parti. À peine entrait-elle dans la salle qu'elle examinait les autres femmes pour savoir si elles soutenaient la comparaison avec elle. Aucune ne lui arrivait à la cheville. Elle était la plus mince, la plus jolie, la plus sexy, et de loin. Elle allait emporter le morceau. Elle jetait alors son dévolu sur les hommes les plus séduisants. Au fond, Cléa s'intéressait moins à la personnalité de ceux-ci qu'à son objectif de décrocher le gros lot.

Bien entendu, même quand elle séduisait l'homme qu'elle avait choisi, la relation ne durait pas. Elle se souciait moins de lui que de remporter la victoire de l'amour. Elle n'a jamais appris que l'amour n'était pas une lutte. Et dès que les hommes qui avaient succombé à son charme sentaient la vérité, ils partaient en courant aussi vite que possible.

Le conflit de Cléa avec les autres, son besoin irrépressible de les surpasser, dominaient sa vie parce qu'elle ne connaissait pas sa valeur intrinsèque. Elle n'avait jamais appris à devenir sa meilleure amie. On ne gagne pas en battant les autres à plate couture ; on gagne en sachant qui on est, pourquoi on est là et ce qu'on attend de nous dans nos rapports avec les autres. On gagne quand on se souvient de sa Source.

Chacun de nous possède une nature supérieure qui est liée à la Source. Cette nature supérieure est pleine de bienveillance et de compassion, sait que l'abondance règne dans le monde et qu'il est impossible de perdre ce qui lui appartient vraiment. Plus vous vivrez dans votre nature supérieure, moins vous serez sujet à la peur. Et dès que vous vous libérez de l'emprise de la peur, votre nature supérieure prend le relais et guide vos pas.

Le plus précieux dans la vie,
c'est la rencontre avec l'Ami.

Rumi

Nous apprenons bien des choses en vieillissant, mais rares sont ceux qui apprennent à être un véritable ami. Combien de relations amicales sont-elles fondées sur la rivalité, pleines de méchanceté et de peur ? Combien d'amitiés sont détruites par le conflit ? Deux êtres qui furent liés deviennent soudain des adversaires. Ce que nous prenions pour de l'amour se mue rapidement en haine. Chacun ne cherche plus qu'à remporter la bataille, sans se soucier de la destruction et de la douleur que cela cause. Pourquoi ? Parce que une fois de plus nous désirons prouver notre supériorité, nous montrer plus intelligents, avoir le dernier mot. Les luttes de pouvoir sont sans doute fréquentes, mais elles sont un pauvre succédané de l'amour.

Avec qui êtes-vous en conflit ? Pourquoi ? Que faites-vous pour régler ce conflit ? Vos efforts sont-ils payants ?

Tout conflit naît de l'idée qu'il ne peut y avoir qu'un vainqueur et qu'une personne ou un point de vue à être dans le vrai. Mais la vraie réussite vient d'apprendre ce que cela signifie que de gagner ensemble, de devenir un ami. Si l'on cherche à briser les chaînes de la peur, on franchit une étape capitale quand on tourne le dos aux luttes de pouvoir et qu'on devient capable de gagner ensemble tout le temps.

Arrêtez-vous un instant et réfléchissez à la manière dont vous traitez votre meilleur(e) ami(e). Vous traitez-vous aussi bien ? Avez-vous le sentiment de le mériter ?

Chasser le conflit

Tout conflit, qu'il ait lieu à l'intérieur du corps
et de l'esprit ou en dehors,
est toujours une lutte contre le moi.

Taisen Deshimaru

Le conflit surgit quand vous êtes confronté à des exigences et des pulsions qui vous tirent dans des directions opposées. Vous êtes incapable de décider quel chemin prendre, ce qui est bon, ce qui est bénéfique, ou ce qui conduit à la douleur. Vous avez le sentiment d'être obligé d'accepter un aspect du conflit et de rejeter l'autre. Vous ne pouvez pas accepter que vous êtes un et ouvrir la porte à de nombreuses possibilités. Comme Cléa, peut-être tentez-vous de résoudre votre lutte intérieure en vous efforçant de remporter tous les prix. En étant « mieux » que les autres, vous imaginez que votre conflit est réglé. Faux. La lutte avec les autres n'a été qu'un dérivatif à la vraie lutte intérieure.

LES CONFLITS INTÉRIEURS ET LES CONFLITS AVEC LES AUTRES SONT LES DEUX FACES D'UNE MÊME MÉDAILLE

Quand vous ne savez pas qui vous êtes et ce dont vous avez vraiment besoin, non seulement vous vivez dans le conflit mais vous pensez qu'écraser les autres est la voie du bien-être et de la réussite. Vous pensez que combattre mène à la paix. Faux – combattre n'ouvre la voie qu'à plus de combats. À vaincre les autres, on finit par être vaincu soi-même. Il ne peut en être autrement.

L'humanité tout entière est une famille, un peuple.

Mahomet

Il existe de nombreuses mesures constructives que vous pouvez prendre pour réellement régler un conflit, faire la paix et équilibrer vos rapports avec les autres et avec vous-même. Ce faisant, votre besoin d'appliquer la loi de la jungle diminue. Vous puisez dans vos ressources intérieures et commencez à vous souvenir de votre Source et à en vivre.

COMMENT ALLER DU JE AU NOUS : CRÉER UN ENVIRONNEMENT GAGNANT-GAGNANT

Prenez soin des autres et le monde entier s'éveille.

Kosho Uchiyama Roshi

Les rapports gagnant-gagnant se fondent sur une réussite et un soutien mutuels. L'un n'est pas obligé de perdre pour que l'autre gagne. Chacun ne gagne que lorsque l'autre aussi est gagnant. Prenez l'exemple de parents en plein divorce qui se disputent la garde de leur enfant. Chacun ne souhaite que le bonheur de celui-ci. Il faut qu'ils trouvent un moyen de collaborer, non de détruire l'enfant. Quand chacun accorde à l'autre le droit au bonheur et lui permet de satisfaire ses besoins essentiels, l'enfant s'en porte mieux. En fin de compte, tout le monde gagne ensemble.

Dès qu'on se sent aimé et soutenu, on réussit toujours au mieux. Pourtant, il arrive parfois qu'on ait du mal à accepter d'être soutenu. On prend cela pour un signe de faiblesse. On peut aussi avoir du mal à offrir son soutien. Mais tous les rapports sains sont construits sur la confiance et le soutien mutuels.

L'*équilibrage des rapports* est le flux naturel d'énergie, de soutien et d'inspiration entre des individus qui communiquent. Quand ce flux est équilibré et mutuel – tels le yin et le yang –, chacun opère à son optimum. Une synchronisation naturelle apparaît et des ressources inattendues se présentent. Si l'on bloque ce flux ou si on le déséquilibre, cela conduit à une déperdition d'énergie, ce qui cause dépression, ressentiment et comportement destructeur. Un flux bloqué est le terreau idéal du conflit.

Individus, relations, entreprises, tous recherchent naturellement harmonie et équilibre. Il existe bien des moyens de parvenir à ce résultat et l'un d'eux est le conflit. Le conflit n'est pas toujours négatif ; il peut être un moyen d'établir un nouvel équilibre quand les anciens schémas d'interaction cessent d'être efficaces ; il hâte les changements nécessaires.

En fait, il n'est pas difficile de créer un environnement où chacun peut être gagnant. Il existe des principes élémentaires à respecter et de simples mesures à prendre. Ils sont peut-être différents de ce à quoi vous êtes habitué, mais si vous leur donnez une chance, vous découvrirez un monde entièrement nouveau. Il faut un effort conscient pour défaire la loi de la jungle. En créant consciemment ce nouveau style de vie, non seulement il devient facile de régler les conflits mais la peur et le stress s'envolent et des résultats incroyables apparaissent dans votre vie.

Les rapports gagnant-gagnant

Il y a quelques années, aux Jeux paralympiques de Seattle, neuf concurrents, tous handicapés physiques ou mentaux, s'assemblèrent sur la ligne de départ du cent mètres plat. Au signal, ils s'élancèrent tous, plus ou moins vite mais avec enthousiasme, bien décidés à terminer la course, voire à la remporter.

Tous sauf un garçon, qui trébucha sur la piste, tomba et fondit en larmes. Les huit autres concurrents l'entendirent pleurer. Ils ralentirent et se retournèrent. Et ils rebroussèrent chemin. Tous.

Une fille atteinte du syndrome de Down se pencha vers lui et l'embrassa en lui disant : « Là, ça va aller mieux. » Tous les neuf franchirent la ligne d'arrivée bras dessus, bras dessous. Le stade entier leur fit une ovation. Les spectateurs qui ont assisté à cette scène la racontent encore. Pourquoi ? Parce que au fin fond de nous-mêmes, nous savons une chose : ce qui importe dans la vie compte plus que de gagner seul. Ce qui importe vraiment, c'est d'aider d'autres à gagner, même si cela exige de ralentir et de changer de voie.

La compétition

Nous avons tous une approche différente de la compétition. On peut se comporter comme les athlètes cités ci-dessus et considérer un concurrent comme un partenaire dans la course de la vie. Notre souhait le plus profond est peut-être que tout le monde réussisse.

La compétition peut vous inciter à vous dépasser. Pour vous, la compétition est saine, et vous aimez franchir les étapes en déployant tous vos efforts.

Vous pouvez aussi réagir différemment : choisir de vous cacher, de vous retirer, de refuser de relever le défi. Quand un concurrent apparaît, vous vous faites l'effet d'être un échec ambulant et vous renoncez avant même le début de la compétition.

Enfin, vous êtes peut-être du genre à vouloir balayer la concurrence. Les concurrents sont des dangers, des êtres malveillants, des prédateurs venus vous faucher ce qui vous appartient. Un prédateur est un concurrent qui mène une vendetta personnelle contre vous ou qui cherche à vous saper et à vous faire du mal. Il peut être jaloux, méfiant, instable ou revanchard. Il est crucial de savoir qui est qui, parce que vous risquez de prendre à tort des concurrents pour des prédateurs. Cette confusion vous empêche de puiser dans votre énergie et d'agir à bon escient.

Écrivez cinq points positifs à propos de la compétition dans votre vie. Quand un concurrent vous a-t-il aidé à vous dépasser alors que vous doutiez que ce fût possible ?

Affronter un prédateur exige de recourir à des tactiques différentes. Il y a une différence entre être menacé et être défié, et vous avez besoin de savoir où vous en êtes.

Face à un prédateur, quand entrent en jeu de la colère personnelle, des abus ou une instabilité émotionnelle, il faut prendre d'autres mesures qu'avec un concurrent sain. Pas la peine de paniquer, parce que vous disposez de nombreuses sources d'aide responsable.

Dressez la liste de ceux que vous considérez comme des prédateurs dans votre vie. Dressez une liste de vos concurrents. En quoi sont-ils différents ?

Détruire les tueurs silencieux

Les tueurs silencieux sont ceux dont les discours et les comportements vous privent de votre enthousiasme, de votre courage, de votre force. Ils vous pompent votre énergie. Ce sont les nids-de-poule qui vous font trébucher.

Ils sont silencieux parce qu'ils passent inaperçus ou qu'on nie leur existence. Le déni en soi est un énorme tueur silencieux. Nier, c'est faire l'autruche, mais cela n'empêche pas qu'on souffre des conséquences de ce déni.

Prenez le temps chaque jour de noter quand vous sentez que vous perdez vos forces, votre courage, votre joie ou votre vivacité – quand vous vous sentez miné. Qui était présent, que vous a-t-on dit ? La conscience sabote la puissance du déni.

Chacun a ses propres tueurs silencieux. L'événement peut paraître idiot ou anodin – une remarque en passant, un instant où vous vous sentez ignoré. Peut-être cela vous embarrasse-t-il d'admettre l'énorme pouvoir que ces tueurs ont sur vous. Par nature, les tueurs silencieux sont subtils ; sinon, il y a belle lurette que vous les auriez repérés. Il s'agit souvent de petits événements, commentaires ou omissions qui passent inaperçus. En revanche, ce que vous remarquez, c'est une soudaine chute d'énergie, de la dépression ou de la contrariété. En devenant vigilant et en remarquant ce qui se passe autour de vous quand ces réactions se produisent, vous vous lancez sur la piste de vos tueurs silencieux et vous commencez à les désamorcer.

Mettre fin aux malentendus

Pour construire un environnement gagnant-gagnant, il faut régler les malentendus dès leur apparition. Si on les laisse s'envenimer, c'est le chaos assuré. Le ressentiment se développe, les obsessions se multiplient, les rapports pourrissent. Prenez la communication en charge, répondez à ce que vous avez entendu ou pensez avoir entendu. Sans attendre.

Souvenez-vous, il peut y avoir un abîme entre ce que vous avez entendu et ce que votre interlocuteur voulait vraiment dire. Le feed-back est essentiel. Peut-être êtes-vous trop orgueilleux pour demander des explications ou en fournir. Vous prenez le discours de l'autre au pied de la lettre. La plupart du temps, vous êtes à côté de la plaque.

Dès qu'un malentendu se développe, comprenez que cela peut venir d'une erreur de communication. Il faut établir un échange. Cela court-circuite aussitôt les rancœurs. Si vous remarquez qu'il y a un malentendu, dites par exemple : « J'aimerais éclaircir ce que je crois t'avoir entendu dire. » L'autre peut alors communiquer le fond de sa pensée.

Chercher à éclaircir la communication, sans blâmer l'autre, est un geste d'amitié et de bonne volonté, qui est généralement perçu comme tel. Cela vous donne l'occasion de rectifier le tir. Dès lors, la communication se fait souvent naturellement.

Souvent, un malentendu naît d'une déception. Quelqu'un vous déçoit, vous vous repliez sur vous-même et vous vous refusez à communiquer.

Prenez conscience de ce dont vous avez besoin pour vous sentir respecté et à l'aise dans une relation. Si c'est systématiquement saboté, remarquez-le. Honorez vos besoins et communiquez-les.

Communiquer sans attendre ce qui est vrai pour vous dans une situation a un effet magique. Cela peut paraître difficile au début, mais avec le temps, c'est un excellent outil pour bâtir des relations qui ne pourront que s'épanouir.

D'autres moyens de désamorcer le conflit

Rien n'est plus facile que de conclure trop vite que quelqu'un est un prédateur ou un tueur silencieux. Avant de porter un jugement, cherchez à désamorcer la situation. Essayez de trouver tous les points positifs de cette personne. Ne portez pas sur elle un regard négatif. Si vous n'alimentez pas l'incendie et si vous voyez constamment l'aspect positif de l'autre, l'autre se placera généralement sur la même longueur d'onde.

La manière dont vous voyez l'autre
Est celle dont vous le traitez
Votre manière de traiter l'autre
Est ce qu'il devient.

Goethe

Vous pouvez aussi désamorcer la négativité en ne répondant pas aux railleries. L'autre perdra tout intérêt pour la chose et la situation se calmera. Il arrive que cela ne soit pas possible et qu'il faille agir. Il est toujours mieux de le faire en choisissant la voie officielle, d'une manière impersonnelle.

> Le grand samouraï Tsukahara Bokuden était un maître du maniement de l'épée qui, au cours de sa carrière, avait croisé le fer avec au moins deux cents samouraïs et les avait tous vaincus. Il avait également fondé sa propre école d'escrime.
>
> Un jour, il voyageait en bateau avec d'autres passagers. L'un d'eux était un samouraï particulièrement grossier et agressif qui se vantait de ses talents d'escrimeur auprès de qui voulait bien l'entendre. Bien entendu, cela laissait le maître Bokuden

complètement froid. Il s'assoupit dans une autre partie du bateau.

Le vantard finit par remarquer le désintérêt total du maître pour ses bouffonneries. Cela le mit en colère. Il secoua le maître par l'épaule et lui dit : « Comment se fait-il que l'escrime vous intéresse si peu que vous préfériez dormir ? »

Le maître Bokuden répondit poliment : « Mon art est très différent du vôtre. Il consiste à ne pas vaincre les autres et à ne pas être vaincu par eux. »

Le samouraï ne contint plus sa colère : « Quel est le nom de votre école d'escrime ?

— L'école sans les mains. Cela veut dire vaincre l'ennemi sans se servir de son épée.

— Pourquoi en portez-vous une, alors ?

— Cette épée n'est pas faite pour vaincre les autres. Elle est là pour chasser mes propres motifs égoïstes. »

Le samouraï était blême : « Très bien ! Vous pensez combattre contre moi sans votre épée ?

— Pourquoi pas ? » répondit le maître Bokuden.

Le samouraï intima aussitôt l'ordre au batelier d'accoster dans la première île pour régler l'affaire immédiatement. Le maître le lui déconseilla, suggérant une île plus éloignée où l'on risquait moins de blesser des témoins. Le batelier obéit et se dirigea vers une île isolée. Le bateau entrait dans les eaux peu profondes quand le samouraï, impatient de se battre, tira son épée et pataugea jusqu'à la rive.

Le maître confia calmement ses épées au batelier. Soudain, il saisit sa rame et prit appui contre un rocher, ce qui expédia le bateau dans des eaux plus profondes. Le bateau s'éloigna de l'île et le maître expliqua au samouraï en rade : «Voilà mon école sans les mains. »

Neil Dunnigan

Des vitamines et des minéraux pour le cœur, l'esprit et l'âme

Ce sont les pensées, les comportements, les sentiments et les choix qui rendront plus forts non seulement vous-même mais tous ceux avec qui vous entrerez en contact. Ils incluent des actes précis, et tous ensemble ils jettent les fondations d'une vie constructive et enrichissante. En vivant ainsi, rien ne vous ébranlera jamais, même si vous rencontrez une tempête. Vous serez en accord avec votre Source.

Ce qui suit est une série de vitamines et de minéraux pour votre cœur, votre esprit et votre âme. Prenez-les et voyez combien vous devenez fort.

Un voyageur arriva à un banquet servi dans deux vastes salles. Dans l'une, des gens affamés se jetaient sur la nourriture. Ils paraissaient agités. Le voyageur en demanda la raison et on lui expliqua que les convives assis à cette table se trouvaient en enfer.
Il passa dans l'autre salle où tous les convives étaient détendus et joyeux. Le voyageur en demanda la raison. On lui répondit : « Dans l'autre salle, où les convives sont en enfer, ils s'empiffrent tout seuls. Ici, nous nous nourrissons les uns les autres et nous sommes au paradis. »

Conte zen

• *Le pouvoir de la reconnaissance*
Paul avait beau se démener, jamais il ne se sentait apprécié à sa juste valeur. Il décrochait de gros contrats

de ventes, mais personne ne semblait le remarquer. Peu à peu il se découragea. Il perdit son enthousiasme. Du jour où un nouveau chef d'équipe fut nommé à la tête de son groupe et se mit à régulièrement reconnaître la réussite de Paul mais aussi ses efforts quotidiens, plus rien ne l'arrêta. Il ne se sentait plus invisible ; il avait le sentiment que son travail comptait.

En reconnaissant l'autre, vous lui faites savoir avec franchise et sincérité combien son attitude à votre égard vous a encouragé.

Quiconque est reconnu s'épanouit, et pourtant les commentaires que l'on récolte concernent généralement nos erreurs. Être reconnu permet de se sentir apprécié, respecté et soutenu, plutôt qu'écrasé. Rien n'est plus simple que de reconnaître l'autre, il suffit de lui dire : « Je tiens à vous exprimer ma reconnaissance pour… » – et vous dites ce que vous avez à dire. N'ajoutez pas de commentaires. N'attendez pas de réponse. Il faut que votre sentiment soit librement donné et librement reçu. Prenez aussi le temps de vous reconnaître. Sachez noter et apprécier vos actes positifs et vos réussites. Prenez le temps de vous remercier. Vous vous sentirez comblé, remonté à bloc et capable de déplacer des montagnes.

• *Ne cessez jamais de compter sur quelqu'un*
(pratique lojong, bouddhisme tibétain)
Il est facile de tourner le dos aux autres quand ils se mettent à commettre des erreurs ou à vous offenser. Vous pouvez réagir ainsi avant de les connaître vraiment, de savoir de quoi ils sont vraiment capables. Toutefois, si vous ne les lâchez pas quoi qu'il arrive,

ceux avec qui vous êtes en rapport se sentiront suffisamment en sécurité pour grandir et apprendre. Ils comprendront que les erreurs ne sont pas fatales, mais font partie du processus d'apprentissage.

Quand un être est libre de commettre des erreurs sans être puni, son niveau d'engagement et de créativité croît au-delà de toute attente. En accordant ce degré de soutien à l'autre, vous lui permettez de réaliser son potentiel et vous apprenez en même temps patience et endurance. Vous apprenez aussi à ne pas tirer de conclusions hâtives ; chacun de nous possède des dons immenses qui s'épanouiront si les conditions sont favorables.

Dans la pratique zen, on appelle *sesshin* les périodes de formation intense. Elles durent de un à sept jours, voire plus, avec le *zazen* (la méditation) qui commence à quatre ou cinq heures du matin pour se poursuivre tard dans la nuit. On garde le silence. Personne n'est autorisé à aller et venir. L'intensité se construit à mesure que les jours passent et que la pratique s'approfondit.

Comme lorsque vous escaladez une montagne, plus vous approchez du sommet, plus les obstacles s'accumulent. Quoi qu'il arrive, on attend de vous que vous restiez assis immobile et que vous surmontiez la difficulté. Mon maître bien-aimé, un maître zen samouraï japonais, incarne merveilleusement ce genre de courage. Pendant des années, je l'ai vu persister en endurant tout ce qui se présentait dans sa vie, quelle qu'en soit la difficulté.

Pourtant, pendant les nombreuses années où j'ai participé à des *sesshin*, j'ai fait ce que beaucoup jugeraient inconcevable – je me suis souvent enfuie. Avant que je décide de partir, la douleur ou la difficulté me paraissait insupportable. Je ne songeais qu'à décamper le plus loin possible. Au début, je ressentais un immense soulagement, j'étais ravie de m'être échappée et je jurais de ne jamais revenir. J'allais boire un café et me félicitais d'avoir eu l'intelligence de partir.

À mon retour chez moi, le cafard me tombait dessus. Une nouvelle occasion perdue. J'ai compris finalement que je ne pouvais m'enfuir nulle part – j'emportais mes problèmes avec moi. Inévitablement, je suis revenue au centre zen pour reprendre les exercices.

Mon maître ne m'a jamais fait l'ombre d'un reproche, pas une seule fois en plus de trente ans. Même quand je renonçais à moi-même, il n'a jamais renoncé à moi. Je revenais et, comme si rien ne s'était passé, on reprenait.

Comment a-t-il pu répondre de cette manière ? Quelle force, quel dévouement immenses avait-il découverts pour honorer la vie à ce point ?

• *Accordez aux autres le bénéfice du doute*

Ne regardez pas les défauts des autres,
regardez vos propres actes,
accomplis et non accomplis.

Bouddha

Quand quelqu'un vous offense, avant de le juger, accordez-lui le bénéfice du doute. Ne vous sentez pas visé ; trouvez d'autres explications positives à ce qui s'est passé. Elles vous paraîtront peut-être un peu tirées par les cheveux au début, mais elles vous aideront à conserver votre calme, ce qui vous permettra de voir d'autres aspects de la situation et d'offrir bonté et miséricorde.

• *Laissez les autres avoir raison*
Donnez raison à tous. Dites-vous : *J'aurai tout le temps demain d'avoir raison, aujourd'hui c'est leur tour.* Quand vous êtes disposé à reconnaître que les autres peuvent avoir raison, même s'ils n'ont pas le même avis que vous, vous faites de la place dans votre vie pour l'ouverture, la diversité et la volonté de grandir. Ce que font les autres est peut-être bon pour eux. Vous pouvez avoir raison vous aussi. Il n'est pas nécessaire de créer douleur et conflit – il y a suffisamment de place pour que chacun mène une vie qui lui semble juste.

• *Arrêtez les reproches*
Il est facile et naturel de reprocher aux autres ses propres difficultés, échecs ou manque d'estime de soi. Dans ce cas-là, c'est vous qui êtes perdant. En accusant les autres, vous vous empêchez de voir votre part de responsabilité dans la situation, et ce que vous pourriez faire pour changer le cours des choses.

• *Renoncez au ressentiment*
Quand vous refusez de tirer un trait sur les torts qu'on vous a causés, le ressentiment s'amplifie et alimente le conflit. Non seulement cela vous empêche d'avancer, mais la colère exprimée contre les autres se retourne toujours contre soi-même.

• *Abandonnez les espoirs et les attentes irréalistes*
La plupart des attentes ne sont guère que des souhaits ou des rêves. Lorsqu'elles sont en contradiction

avec ce qui se passe vraiment, naissent contrariété, colère, chagrin et douleur. Vous vous sentez trahi. Vous fermez les écoutilles, vous refusez de jouer, ou encore vous vous en prenez aux autres.

Arrêtez-vous le temps de remarquer que la vie suit son cours. Êtes-vous disposé à l'accueillir telle qu'elle est ? Pourriez-vous renoncer à certaines de vos attentes et vous rendre disponible pour voir ce qui se passe vraiment ? Dès que vous y parvenez, le conflit disparaît.

• *Soyez clair à propos des exigences appropriées et de celles qui sont inopportunes.*
Il peut être difficile de faire le tri. Peut-être résistez-vous, luttez-vous, remettez-vous au lendemain parce que vous estimez injuste ce que l'on exige de vous. Ou bien peut-être êtes-vous secrètement amer de voir que vos propres besoins ne sont pas satisfaits. Peut-être est-il difficile pour vous de dire non aux autres parce que vous avez l'impression de les rejeter. Dire non n'est pas rejeter l'autre, mais fixer des limites susceptibles d'être bénéfiques pour vous deux. Les enfants se gaveraient volontiers de bonbons toute la journée. Le leur interdire n'est pas nocif. N'ayez pas peur de dire non.

• *Demandez que vos besoins soient satisfaits*
Le conflit est souvent un moyen d'obtenir que nos besoins soient satisfaits. Par le passé, peut-être avez-vous demandé ce qui vous était nécessaire de façon détournée, en manipulant, boudant, exigeant ou dissimulant. Peut-être avez-vous refusé de demander ce que vous vouliez. Vous attendiez des autres qu'ils devinent vos besoins comme par magie et vous leur

en vouliez quand ils n'y répondaient pas. C'est l'attitude d'un enfant avec ses parents. Il attend d'eux qu'ils comprennent tous ses besoins et les satisfassent aussitôt. Il peut être difficile en grandissant de prendre conscience qu'il est nécessaire d'exprimer à son cher et tendre ce qu'on attend de lui. Si vous êtes obligé de demander, cela ne prouve pas pour autant qu'il ne vous aime pas. Il est impossible de gérer sagement un conflit si vous êtes incapable de réclamer ce qui vous est nécessaire.

• *Autorisez-vous à réussir*

Nombreux sont ceux qui ne s'y autorisent pas parce que réussir ou avoir du pouvoir peut paraître dangereux. Certains se sentent plus en sécurité en étant impuissants et faibles. Ces individus sabotent souvent leurs propres efforts et les vôtres. Le meilleur moyen de saboter une situation est de constamment créer des conflits. La peur prend alors le relais et, au lieu de vous épanouir comme vous en aviez l'intention, vous vous diminuez.

• *Transformez un concurrent en ami*

Vous avez un concurrent ? Invitez-le à déjeuner. Donnez-lui la vedette, invitez-le à vous confier ses espoirs, ses rêves et ses craintes. Laissez-le briller. Pensez à des moyens de l'aider. Au moment du café, il cessera de vous paraître menaçant. Vous trouverez alors spontanément des moyens de vous épauler mutuellement, vous comprendrez que vous avez des besoins réciproques et vous imaginerez des façons de collaborer pour votre bénéfice mutuel. Le besoin d'éliminer ce concurrent ou de le dépasser disparaîtra tout naturellement.

• *Rappelez-vous que chacun d'entre nous naît avec ses forces et ses dons*
Se sentir bien parce qu'on est « mieux que les autres » ne mène à rien. Cela ferme la porte à l'amitié, à l'amour et au véritable soutien. La compulsion d'établir des comparaisons vient d'un refus de voir la force et la beauté dans tout ce qu'offre la vie. Aujourd'hui, passez votre journée à voir la beauté de ceux que vous croisez et permettez-leur d'être parfaits tels qu'ils sont.

Les roses sous ma fenêtre ne renvoient pas à d'anciennes roses ni à de plus belles. Elles sont ce qu'elles sont. Elles existent avec Dieu aujourd'hui.

Ralph Waldo Emerson

MOMENT CLÉ

Le meilleur moyen de se débarrasser de ses ennemis est d'en faire des amis
Quand vous haïssez vos ennemis et aimez vos amis, quand vous décidez qu'Untel est avec vous ou contre vous, vous le figez dans un rôle statique. Vous ne tenez pas compte du fait que le changement est constant et que la croissance et la transformation sont à la racine de la vie. Ceux qui ont été vos ennemis peuvent évoluer et, un jour, devenir vos amis. Il est important de voir toutes leurs facettes et de les autoriser à grandir et à évoluer. En vivant ainsi, vous n'êtes pas dominé par la peur et les jugements et vous ne tarderez pas à vivre au milieu d'amis.

DEUXIÈME PARTIE

Atteindre la plénitude

Trouver la pierre précieuse

La pierre précieuse que nous avons perdue,
Certains disent qu'elle est en Orient,
D'autres en Occident.

Kabir

Quelle est la pierre précieuse que nous avons perdue ? Où se cache-t-elle ? Nous avons tous l'impression d'avoir perdu un élément essentiel de notre vie, mais nous ne savons pas du tout de quoi il s'agit. La quête de ce trésor est incessante. Certains courent vers l'Orient, d'autres vers l'Occident pour le trouver. Nous fouillons tous les recoins de la terre en quête de richesse, de relations, de réussite, d'approbation. Il arrive que nous pensions l'avoir trouvé, mais le plaisir ne dure généralement qu'un temps et nous reprenons notre quête. La quête elle-même crée parfois déception et peur. Nous craignons de passer à côté de quelque chose d'important, de ne pas vivre pleinement.

Toutefois, plus nous cherchons la pierre précieuse en dehors de nous, plus elle s'éloigne. On en arrive parfois à se dire qu'elle n'existe pas, que cette quête est vaine, qu'elle ne mène à rien. Il est essentiel de savoir où chercher et ce que nous cherchons si profondément.

Quand on s'arrête de chercher, on s'épargne pas mal d'énergie mentale, c'est sûr.

Dicton zen

Dans la mythologie grecque, Sisyphe se voit confier la tâche de rouler un rocher en remontant une pente. À peine le rocher est-il au sommet qu'il retombe. Sisyphe est obligé de tout recommencer. Comme lui, nous portons notre soif en nous, nous luttons pour atteindre le sommet de la montagne afin de trouver la satisfaction. Il arrive que nous atteignions ce sommet. Puis tout finit par retomber. Tôt ou tard, les circonstances changent, et nous revenons à notre point de départ. Et à l'instar de Sisyphe, nous reprenons tout de zéro.

La plupart d'entre nous diraient que la pierre précieuse que nous cherchons, en peinant sur la pente, c'est l'expérience de la plénitude et de l'amour. Mais pourquoi cette quête est-elle si difficile ? Peut-être parce que nous ne savons pas ce que nous cherchons, que nous ne savons pas faire la différence entre l'amour vrai et l'amour feint. Ce chapitre décrit la différence entre l'amour vrai et sa contrefaçon, et il pave la voie vers la guérison de la dualité et la découverte de la plénitude.

La différence entre l'amour vrai et sa contrefaçon

L'amour feint est l'idée que l'amour est un sentiment, non un mode de vie. Il confond l'expérience de l'exaltation, de l'engouement, de la dépendance et de l'attachement avec l'amour. Dès qu'un être vous inspire des sentiments forts, vous vous sentez amoureux et c'est délicieux. Enfin vos désirs et vos rêves vont se réaliser.

C'est ce que ressent un enfant – qui pense avoir enfin trouvé le parent idéal qui comblera tous ses désirs. Il ne sera plus jamais seul.

TOUTEFOIS, QUAND VOUS VOUS SERVEZ D'UN AUTRE ÊTRE COMME D'UN OBJET DESTINÉ À COMBLER VOS PROPRES DÉSIRS, CE N'EST PAS DE L'AMOUR.

Quand votre cher et tendre vous dit : « Je t'aime tant que je ne peux pas vivre sans toi », ce n'est pas nécessairement de l'amour. Peut-être est-ce un signe qu'il manque d'assurance ou qu'il est possessif, ou encore qu'il redoute d'être abandonné et seul. Personne ne peut compenser l'amour que vous n'avez pas reçu enfant. Mais quelqu'un d'autre peut devenir une source de dépendance, un moyen de ne plus sentir le chagrin intérieur.

Frank tombait régulièrement amoureux. C'était la partie la plus facile. Au début, sa nouvelle petite amie semblait être exactement ce qu'il recherchait – elle était belle, intelligente et drôle. Au début, quels que fussent les désirs de Frank, elle les acceptait sans broncher. Jamais elle ne s'opposait à lui.
Puis, au bout de quelques mois, les choses commençaient à subtilement changer. Elle arrivait en retard aux rendez-vous, ne paraissait pas aussi heureuse et voulait faire des projets elle aussi. Bientôt, elle ne lui parut plus aussi jolie. Où était donc cette beauté qu'il avait rencontrée quelques mois auparavant et qui le traitait comme un prince ? L'amour s'était envolé.

Dès que la période d'engouement se calme – généralement au bout de six mois – et que la réalité reprend ses droits, on entend le même refrain, « L'amour s'est envolé ». Faux, l'amour ne s'est pas envolé. Seule l'illusion a disparu, en bonne illusion qu'elle était. Quand cela se produit, Frank retourne sur sa montagne et se remet à grimper, en quête d'une autre.

« Elle est là, quelque part. Je sais qu'un jour ou l'autre je trouverai la compagne idéale. »

Frank attend d'une autre qu'elle comble son vide intérieur. En vérité, personne ne peut chasser ce vide. Une fois que l'autre part, ou que la relation se modifie, le vide réapparaît. C'est à vous de trouver où la pierre précieuse se cache. Et nul besoin d'attendre le prince charmant. Vous pouvez ouvrir votre cœur dès maintenant. Ce faisant, vous découvrirez que chacun est le prince charmant. Il n'est jamais nécessaire de se sentir seul.

Nous sommes si habitués à chercher notre pierre précieuse chez autrui que peu d'entre nous savent s'arrêter et regarder en soi. Toutefois, il existe de simples lois de l'amour qui peuvent servir de poteaux indicateurs sur votre chemin. Ces lois vous empêcheront de mener la vie de Sisyphe, de répéter toujours les mêmes schémas, d'être victime des mêmes mirages et pièges. Ces lois de l'amour préservent votre précieuse énergie et permettent que votre quête de la pierre précieuse porte ses fruits.

Richard Schiffman, chercheur, auteur et poète, se rendit en Inde afin de trouver un maître qui le mènerait à sa pierre précieuse – l'expérience directe de Dieu et de l'amour. Il passa des années dans différents centres avant d'être conduit vers l'endroit qui deviendrait son véritable foyer – la Maison de Tous, à Jillellamudi, en Inde du Sud. Dans un entretien au sujet de son livre, *The Mother of All*, il décrit comment il a trouvé la pierre précieuse de sa vie :

Au village de Jillellamudi, en Inde du Sud, vivait une mère. Elle nourrissait ses enfants, les soignait, les réprimandait, les cajolait et les réconfortait. D'apparence très ordinaire, elle ne se distinguait guère de ses semblables. Sans un trait de caractère très particulier, on ne l'aurait pas remarquée, encore moins vénérée, comme elle l'était par les milliers de gens qui lui rendaient visite.

Qu'est-ce qui la distinguait de toutes les autres mères ? Simplement la chose suivante : alors que généralement nous réservons notre amour et notre affection à notre famille biologique, la Mère de Jillellamudi avait le sentiment que tous étaient ses enfants – hommes, femmes, animaux. Elle chérissait et traitait tout le monde de la même façon, avec tendresse. Je ne l'ai jamais vue rejeter ni écarter quiconque. En chacun de ceux qui se présentaient, elle ne voyait que son enfant, quels que soient son nom, sa condition, sa forme.

Dès son plus jeune âge, la Mère possédait une sagesse et un amour infinis. Quand on lui demandait qui elle était, elle répondait : « Je suis la mère de tous. »

Des miracles se produisirent souvent pendant ses jeunes années.

Plus tard, quand on lui demandait de nouveau qui elle était, elle répondait avec un sourire : « Je suis la mère qui ne peut être blessée. »

Rien ne pouvait ni la blesser, ni la contrarier.

Pendant les quatre ans que j'ai eu la chance de vivre aux côtés de Mère, j'ai vu que rien ne pouvait ébranler son amour et sa bonté pour tous. D'un calme absolu, elle rayonnait. La première fois que vous vous présentiez à elle, elle vous regardait comme si elle vous connaissait depuis toujours.

Il suffisait de s'asseoir auprès d'elle pour comprendre pourquoi elle attirait cette foule. Chaque jour, les gens se pressaient dans son petit logis. On avait l'impression que, quotidiennement, on venait déverser à ses pieds toutes les joies et tous les chagrins du monde. Et elle écoutait toujours patiemment, avec un intérêt qui ne se démentait jamais. Pour chacun, elle avait un mot affectueux, un sourire ou une caresse maternelle, et elle lui accordait toute son attention.

Le plus remarquable, c'est que malgré le grand nombre de visiteurs, chacun repartait avec l'impression que Mère lui réservait une place particulière dans son cœur. En vérité, chacun était irrémédiablement précieux à ses yeux, un enfant chéri. On voyait vite que l'amour de Mère n'avait rien de commercial, elle ne cherchait pas à posséder l'autre, ni à exiger quoi que ce soit en retour. Au contraire, il n'y avait aucune compulsion, aucun attachement. C'était juste comme la terre, l'air, ouvert, fluide. Et comme l'air, son amour était profondément gratuit et il libérait celui qui le recevait.

Toutes sortes de visiteurs venaient chez elle. Certains difficiles et perturbés. Cela ne l'empêchait pas de les accueillir tous de la même manière. Un jour, j'ai vu un homme qui cherchait à la tester se ruer sur elle armé d'un couteau. Elle ne broncha pas, le regarda avec amour. Il craqua, sanglota, et lui demanda de l'accepter comme adepte. Mère l'accueillit de tout son cœur.

« Qu'on me jette des pierres ou des fleurs, c'est pareil pour moi », disait-elle. Quoi qu'on lui donnât, Mère l'acceptait comme un cadeau.

Mère était généralement tranquillement assise sur son lit, elle ne sortait guère de son appartement austère, ne quittait pratiquement jamais Jillellamudi. Elle ne prononçait pas de discours, n'écrivait pas de livres. Elle passait des heures assise sur son lit, silencieuse ou faisant la conversation, alors que les gens défilaient devant elle, présentant leurs respects ou recevant sa bénédiction. Pourtant, régulièrement, par l'influence silencieuse de son amour total, elle transforma la vie d'un grand nombre.

Plus vous vous approchez du genre d'amour qu'exprimait la Mère, plus vous voyez que, derrière l'apparente folie du monde, tout est harmonie. Votre travail est de le comprendre et de vous en tenir à cela. Une fois que vous y avez réussi, votre quête prend fin ; la pierre précieuse est entre vos mains.

Les lois simples de l'amour

Avec l'amour, tout ce qui est amer devient doux
Avec l'amour, tout ce qui est cuivre devient or
Avec l'amour, la lie devient un nectar
Avec l'amour, la douleur
Devient un remède.
Avec l'amour, les morts renaissent.

Rumi

Pour vaincre la peur, il faut apprendre à mener une vie fondée sur l'amour. Pratiquer des actes qui ouvriront votre cœur, vous rendront lucide et disponible pour tout ce qui vous attend.

Les simples lois de l'amour sont l'antidote de toutes les peurs. En apprenant ces lois, en les pratiquant, vous acquerrez plus de sérénité, et vos peurs disparaîtront comme par enchantement. Vous verrez alors à quel point la moindre petite goutte d'amour possède des vertus curatives.

Avant de franchir ces paliers, sachez que, malgré votre désir d'amour, l'esprit enfantin qui est en vous cherche continuellement à emprunter les montagnes russes de la vie, à s'amuser dans la maison des horreurs. Il a envie d'être exalté, terrorisé, de vivre dangereusement. Pour découvrir le goût du véritable amour, l'esprit enfantin doit évoluer et remplacer son besoin de sensations fortes par un désir de connaître la vraie plénitude.

Quand l'amour se manifeste, il est calme, profond, apaisant, nourrissant. Il n'hésite pas ; on ne peut pas vous l'arracher. L'amour calme les eaux les plus agitées et fait ressortir le meilleur en chacun. C'est le meilleur remède pour les discordes de toute sorte. Quand l'amour vrai apparaît, la peur disparaît aussitôt.

Les lois de l'amour sont simples. Suivez-les et vous saurez qui vous êtes, où est votre vraie place.

• *Cessez de chercher en dehors de vous-même*

Le musc est dans le cerf,
Mais le cerf ne le cherche pas,
Il erre en quête d'herbe.

Kabir

Il est difficile d'aller contre ses schémas habituels pour changer sa vie. Au début, vous aurez peut-être l'impression de nager à contre-courant. Une fois habitué à attendre que vos besoins soient satisfaits par l'extérieur, s'arrêter et s'asseoir peut être difficile. Toutefois, quand votre vie ne vous a pas apporté ce que vous souhaitez, il est temps de faire volte-face et de regarder dans une autre direction. Il est temps de cesser de courir et de regarder à l'intérieur.

Kafka a dit que tous nos ennuis viennent de ce que nous sommes incapables de rester seuls avec nous-mêmes. La première relation à établir est avec vous-même.

Comme nous sommes peu nombreux à avoir été habitués à rester seuls avec nous-mêmes, cela peut paraître effrayant. Des sentiments et des pensées dissimulés peuvent surgir, avec l'expérience redoutée de la solitude. Cependant, il existe une grande différence entre la solitude et le fait d'être seul.

DÈS QUE VOUS ÊTES CAPABLE D'ÊTRE VRAIMENT SEUL AVEC VOUS-MÊME, LA SENSATION DE SOLITUDE S'ÉVANOUIT. LA SOLITUDE NE SE MANIFESTE QUE PARCE QUE VOUS NE SAVEZ PAS ÊTRE SEUL.

Savourez votre solitude. Apprenez ce qu'elle est et cultivez-la. Qui êtes-vous quand vous êtes seul ? Que vous dit votre cœur ? Sous votre solitude, quelque chose de neuf et de fort attend d'être révélé.

• *Cessez de lutter : ne faites rien*

J'ai dit à la créature avide qui est en moi :
Quel fleuve veux-tu traverser ?

Kabir

Notre vie est placée sous le signe de l'effort : nous ne cessons de passer d'une tâche à la suivante.

Souvent, cela dégénère, nous luttons désespérément pour ce que nous voulons. Certains d'entre nous passent leur vie entière à lutter de plus en plus pour atteindre un objectif. L'effort et la volonté semblent être la réponse. Il peut paraître inconcevable d'arrêter cette fuite en avant, pour s'asseoir et ne rien faire pendant un moment.

Dans *Zen Stories of the Samurai* de Neal Dunnigan, nous apprenons à quel point il est essentiel d'acquérir de la patience et d'être capable d'attendre le bon moment.

Un maître d'armes célèbre était mécontent du peu de progrès de son fils Matajuro dans le maniement de l'épée. Selon lui, son fils ne faisait pas assez d'efforts. Cela le mettait en colère, l'embarrassait, et il décida de l'envoyer consulter le célèbre maître épéiste Banzo.

Quand Matajuro arriva chez le maître Banzo, celui-ci s'entretint avec lui et conclut : « Je suis d'accord avec ton père, tu n'as pas l'étoffe d'une grande lame. Tu n'acquerras probablement jamais la maîtrise de cet art.

— Mais si je m'entraîne avec rigueur ? Combien de temps alors me faudra-t-il pour devenir un maître du maniement de l'épée ?

— Le reste de ta vie.

— Je ne peux pas attendre aussi longtemps, protesta Matajuro. J'accepterai toutes les épreuves, je m'y consacrerai entièrement.

— Oh ! Dans ce cas, cela te prendra dix ans.

— Et si je m'entraîne deux fois plus dur ?

— Alors cela te prendra trente ans.

— Quoi ? D'abord vous dites dix ans, puis trente. Je ne dispose pas de tout ce temps. Il faut que je réussisse du vivant de mon père.
— Avec cette attitude, cela devrait te prendre plutôt soixante-dix ans », conclut le maître Banzo.
Le fait de ne rien faire n'est pas automatiquement passif. Vous choisissez de ne rien faire, de vous reposer dans l'état d'esprit où il n'est nécessaire d'aller nulle part, où l'on n'a personne à voir, pas de partie à remporter, pas l'ombre d'une exigence. Vous êtes disposé à lâcher prise, à être qui vous êtes et à permettre à la sagesse et à l'amour supérieurs de vous guider.

Si l'on reste tranquillement assis
À ne rien faire,
Le printemps arrive
Et l'herbe pousse toute seule.

Ancien poème zen

Vos efforts ne feront pas pousser l'herbe, et pourtant elle poussera généreusement. En ne faisant rien, vous renoncez à votre prétention de diriger le monde. En ne faisant rien, vous reconstituez votre énergie et votre esprit et vous autorisez ce qui est vôtre à venir vers vous. C'est vital, actif, constructif. Si vous muselez l'esprit agité qui cherche, une nouvelle vie apparaît. Dès que vous cessez de créer des vaguelettes à la surface de l'eau, vous êtes capable de voir où se niche la pierre précieuse.

Taisez-vous et restez immobile. Sortez du chaos pendant quelques instants, des heures, voire des jours. Descendez du manège de la vie. Asseyez-vous chez vous sur un

coussin ou dans un fauteuil, ou sur un banc dans le parc. Restez immobile. N'attendez rien, ne soyez personne, contentez-vous d'exister, de respirer. Soyez attentif à chacune de vos respirations. Sans la suivante, vous ne seriez même pas là. Qui a dit que simplement exister ne suffisait pas ?

Vous savez à présent comment trouver la pierre précieuse de votre vie. Vous savez qui vous êtes et ce qui est nécessaire. Vous l'avez toujours su et vous le saurez toujours. Personne d'autre ne peut vous l'enseigner. Personne ne peut vous faire du mal. Vous êtes le trésor que vous cherchez, tel que vous êtes.

Ne rien faire est une forme de méditation, où vous mettez un terme aux réactions et aux comportements conditionnés et commencez le grand travail d'accepter tous les aspects de vous-même. Au début, cela peut causer un choc de regarder en soi, d'affronter ses pensées, ses sentiments, ses fantasmes. Mais en pratiquant cet exercice quotidiennement vous devenez plus fort, plus sage, et vous finirez par vous sentir bien dans votre stupéfiant univers intérieur.

Pendant ce processus, vous vous liez d'amitié avec les aspects rejetés de vous-même, vous voyez les cadeaux qu'ils désirent vous apporter. Ces aspects rejetés de vous-même sont ce qui vous pousse à lutter aveuglément, tel Sisyphe. En ne faisant rien d'autre qu'accepter tout ce qui est en vous, vous guérissez la dualité, la lutte et la solitude avec lesquelles vous avez vécu des années durant.

• *Vivre en pleine conscience*

Éveille-toi et deviens mon ami, papillon endormi.

Poème zen

La pleine conscience, c'est le fait d'être attentif à l'endroit où l'on se trouve et à ce que l'on attend de soi. En vivant en pleine conscience, vous vous autorisez à être attentif au présent, à l'étape que vous venez d'atteindre. Vous veillez sur tout ce qui constitue votre univers : les fleurs, les chaussures, les animaux, les gens. Parfaitement éveillé, vous faites en sorte que tout soit à sa place. Pour la plupart, nous ne cessons de nous agiter pour éviter justement de faire ça.

Quand on demanda à un grand maître zen de définir le zen, il répondit : « Prendre son manteau et le ranger à sa place. »

Soyez pleinement conscient. Soyez conscient de l'endroit où vous êtes, de ce que vous faites et de ce qui est nécessaire dans l'instant. Sentez l'air sur votre visage, le sol sous vos pieds. Vous faites la cuisine ? Soyez entièrement dans cet acte. Quoi que vous fassiez, consacrez-y toute votre attention. Réveillez-vous. Ne gâchez pas votre vie à rêver.

Au début, cela peut paraître agaçant. Bientôt cela deviendra une seconde nature. Accorder à vous-même, au monde et aux autres toute votre attention est en fait une forme d'amour.

La pleine conscience est au cœur de la vie et de la pratique zen. Dans le conte qui suit, on voit que cette pratique de toute une vie imprègne tout :

Au bout de dix ans d'apprentissage, Tenno atteignit le rang de maître zen. Un jour pluvieux, il rendit visite au célèbre maître zen Nan-in. Le maître l'accueillit par une question :

« As-tu laissé tes sabots et ton parapluie dans l'entrée ?

— Oui.

— Dis-moi, as-tu placé ton parapluie à gauche ou à droite de tes chaussures ? »

Tenno ne sut répondre. Il comprit alors qu'il n'avait pas encore atteint la pleine conscience. Il devint sur-le-champ l'apprenti de Nan-in et étudia avec lui pendant dix années supplémentaires.

Plus vous êtes pleinement conscient, moins les fantasmes vous gouvernent et plus vous voyez qui vous êtes. Voir qui on est vraiment peut être douloureux. Il est facile de se dire qu'il faut se transformer, atteindre la perfection. Ce besoin irrépressible de perfection, d'être autre, non seulement vous vole votre bonheur mais dissimule aussi votre pierre précieuse.

Où se cache l'être parfait ?

Chercher à être parfait ou trouver l'être parfait risque de vous priver de toute joie. Il devient impossible de s'arrêter avant d'avoir atteint ce but. On a toujours l'impression qu'il manque quelque chose. C'est une mauvaise blague que vous vous infligez à vous-même. Asseyez-vous et regardez qui est cet être parfait que vous recherchez, et vous verrez que les choses s'inversent.

Prenez le temps de voir clairement qui est un être parfait pour vous. Notez toutes les qualités qu'il devrait posséder.

Étudiez le résultat de près : cet être parfait vous est-il vraiment sympathique ? Peut-être n'est-il qu'un ego idéal – quelqu'un qui vous sert à renforcer l'image que vous avez de vous-même. Si vous ne correspondez pas à cette image, si vous ne trouvez personne qui y corresponde, vous risquez fort de conclure que votre vie ne vaut rien.

La nature de Bouddha imprègne tout l'univers

Dans le zen, nous disons : « La nature de Bouddha imprègne tout l'univers, il existe ici et maintenant. »

Quelle est la nature de Bouddha ? C'est un *kôan*, une question qui n'a pas de réponse logique, mais qui doit être comprise et vécue directement. En regardant en vous, vous goûterez directement la nature de Bouddha. C'est savoureux, délicieux et enrichissant. Une fois que vous y aurez goûté, il vous sera impossible d'avoir soif d'autre chose. Toutes les images forcées de perfection s'envoleront.

La nature de Bouddha n'est jamais distincte de l'instant ou de qui vous êtes. Cela n'a rien à voir avec ce que vous ou un autre « devriez être ». Quand vous goûtez la nature de Bouddha, il est facile de comprendre que vous êtes toujours assez bien, toujours complet ; il n'y a rien à ajouter ni à retrancher.

Une fois que vous commencez à vous accepter tel que vous êtes, même avec vos prétendus défauts, une chose magique se produit : vous acquérez sans effort la compassion et la capacité de donner.

L'AMOUR VRAI NE JUGE JAMAIS, NE REJETTE JAMAIS, N'EXIGE JAMAIS. IL RECONSTITUE. IL ILLUMINE LA VIE.

• *Donnez complètement*

Pourquoi ne nous donnons-nous pas sans compter, abondamment, complètement ? Nous ne sommes qu'une partie d'un processus infini, nous n'avons rien à gagner ni à perdre, il nous faut simplement le vivre.

Henry Miller

Le vrai don est l'amour en action. Il ne marchande pas, n'exige rien en échange. Quand vous donnez ainsi, vous ne vous souciez pas de ce qu'on vous doit, ni de ce que la transaction vous apporte. Ça, c'est un marché, non un vrai don. Un vrai don est sa propre récompense. Cette merveilleuse loi de l'amour chasse la culpabilité, l'obligation, et guérit de l'angoisse et de la peur.

L'équilibre entre donner et recevoir est essentiel. Quand donner est un acte unilatéral, on élève un barrage contre un flux sain. Si vous vous rendez compte que vous ne pouvez pas recevoir de quelqu'un d'autre, la relation a peut-être quelque chose de destructeur.

Le faux amour est en partie donner afin de manipuler et de contrôler. Certains donnent pour avoir une emprise sur autrui ou se sentir bien. D'autres font des cadeaux trop coûteux et ne savent pas comment recevoir en retour.

Vous vous sentez seul, malheureux ou insatisfait ? Sachez que vous n'avez pas donné. Il y a un dicton merveilleux qui dit : « Ouvre ton cœur si tu veux que l'amour y entre ; ouvre ton esprit si tu veux comprendre. » Le vrai don va complètement changer votre vie. Essayez dès aujourd'hui. Donnez sans compter, où c'est nécessaire, à quiconque le demande. Ne vous souciez pas de ce que vous recevrez en retour. Pourquoi vous retenir ?

Cet ancien conte zen incarne la capacité de donner complètement, même quand nous avons l'air de ne rien posséder.

Un moine zen menait une existence frugale dans une petite cabane. Il passait son temps à méditer et

à cultiver son potager. Le soir, en méditant, il sentait la lueur de la lune à travers sa fenêtre.
Une nuit, deux voleurs s'introduisirent chez lui, mirent sa cabane à sac, et lui dérobèrent le peu de biens qu'il possédait, dont ses quelques vêtements. Le moine zen se retrouva nu, assis seul par terre. Puis il leva les yeux et vit l'éclat de la pleine lune. « Quel dommage que je ne puisse pas aussi leur donner cette lune magnifique », pensa-t-il.

En apprenant à donner et recevoir ainsi, vous commencez à goûter les fruits de l'amour vrai.

• *Acquérez un esprit reconnaissant*
Naikan, une pratique simple et très forte qui s'est développée au Japon, permet d'acquérir un esprit reconnaissant.
Sa base consiste à noter soigneusement ce que vous recevez chaque jour, ce que vous donnez, et les souffrances et les ennuis que vous causez. Vous devez en effet passer le plus clair de votre temps à vous plaindre d'être malheureux, à regretter ce que vous n'avez pas. Et pourtant vous donnez, mais cela vous pèse, vous vous sentez exploité. Et les autres ne cessent de vous faire du tort.
Pratiquez le *naikan* et vous inverserez le cours des choses.

Posez-vous trois questions et notez soigneusement vos réponses. La première : « Qu'avez-vous reçu aujourd'hui ? » La deuxième : « Qu'avez-vous donné aujourd'hui ? » La troisième : « Quelles souffrances et quels ennuis avez-vous causés aujourd'hui ? »

Une fois que vous commencez à pratiquer quotidiennement le *naikan*, il se produit quelque chose d'intéressant – les rapports s'inversent. Il vous arrivera souvent d'être choqué de mesurer à quel point vous recevez sans remarquer ni admettre, reconnaître ces dons. Êtes-vous conscient de la caresse du soleil le matin, du délicieux café que vous venez de déguster, du sourire que vous a adressé un collègue ou un ami ? La reconnaissance est un bouillonnement. C'est un merveilleux remède contre la dépression, puisque reconnaissance et dépression ne peuvent coexister dans le même esprit.

Vous allez être surpris quand vous étudierez de près ce que vous donnez. Soudain vous prendrez conscience de toutes ces circonstances où vous n'avez rien donné, alors que cela aurait été si facile. En pratiquant quotidiennement cet exercice, vous aurez naturellement envie d'équilibrer votre vie et d'exprimer votre reconnaissance pour tout ce que vous recevez.

La troisième question mérite qu'on s'y arrête : quelles souffrances et quels ennuis avez-vous causés aujourd'hui ? Cette question n'a pas pour but de provoquer de la culpabilité mais une pleine conscience. L'esprit se concentre généralement sur le mal qu'on lui a fait. Cette question modifie le point de vue et vous aide à comprendre que vous avez peut-être causé du tort à autrui aujourd'hui. Une fois conscient de la chose, il est facile de corriger le tir.

Il existe des retraites de *naikan* qui durent une semaine, pendant laquelle huit heures par jour – voire plus – on s'interroge sur tous les aspects de sa vie : ses rapports avec les autres, sa carrière, sa santé, ses rêves.

Ces trois questions vous apprennent à percevoir tout le bien que vous recevez, à en être reconnaissant, à remercier et à donner en retour dans la joie. Vous admettez que vous avez causé des ennuis ? Au lieu de vous sentir coupable, corrigez rapidement vos erreurs et veillez à ne pas les commettre de nouveau. Vous allez apprendre à vous pardonner tout en acquérant une plus grande conscience.

Le pardon est le meilleur remède

On vous a fait du tort, on vous a volé, ce n'est rien, à moins que vous ne parveniez pas à l'oublier.

Confucius

Certains passent leur vie en colère contre Dieu, le destin, voire eux-mêmes. Ils sont incapables d'oublier qu'ils ont perdu un être cher, ou de surmonter une déception. Nous souhaitons tous voir nos désirs exaucés. Cela ne se produit pas ? La colère, la rancune nous envahissent, nous sommes incapables de pardonner.

Mais qui est sage au point de savoir comment les choses auraient dû se passer ? Chaque événement a ses propres ramifications et ses conséquences. D'une situation douloureuse peut naître un bien.

Un conte des enseignements hassidiques décrit cette façon que nous avons de ne jamais comprendre vraiment l'enchaînement des événements et montre à quel point il est bon d'être reconnaissant pour tout ce qui arrive.

Un rabbin partit en voyage dans une contrée inconnue. Il prit un âne, un coq et une lampe. Lorsque les auberges d'un village refusèrent de l'accueillir, il décida de dormir dans la forêt.

Il alluma sa lampe pour étudier les livres saints avant de s'endormir, mais un vent violent se leva et la brisa. Le rabbin décida de se coucher en pensant : « Tout ce que Dieu fait est pour le bien. » Pendant la nuit, des animaux sauvages firent fuir le coq et des voleurs s'emparèrent de l'âne. Le rabbin se réveilla, vit ce qu'il avait perdu mais s'exclama tout de même : « Tout ce que Dieu fait est pour le bien. » Le rabbin retourna alors au village où l'on avait refusé de l'héberger et apprit que des soldats ennemis l'avaient envahi durant la nuit et tué tous ses habitants. Il apprit aussi que ces soldats avaient traversé la forêt où il avait dormi. Si sa lampe n'avait pas été cassée, il aurait été découvert. Si le coq n'avait pas été chassé, il aurait chanté, révélant sa présence. Si l'âne n'avait pas été volé, il aurait brait. Le rabbin s'exclama donc de nouveau : « Tout ce que Dieu fait est pour le bien. »

Quand vous voyez le bien dans toutes les situations, il n'y a rien à pardonner. Vous voulez voir le bien dans toutes les situations, que vous appréciiez ou non leur issue ? Acceptez-les telles qu'elles arrivent. N'essayez pas de les changer. Prenez-les telles qu'elles surviennent. Regardez-les comme si vous regardiez un film et donnez au bien le temps de se révéler.

Lâcher prise ainsi est une forme de pardon. Pardonner veut dire renoncer. Il n'est pas de bouleversement que le pardon ne puisse guérir. Si vous pardonnez sincèrement, c'est à vous-même que vous faites le plus grand des cadeaux. Vous vous rééquilibrez et vous renoncez au ressentiment qui vous empoisonne.

Peut-être craignez-vous, après avoir pardonné, de ne pas pouvoir vous dégager de l'emprise de l'être ou de la situation en question. Non. En pardonnant, vous n'êtes pas obligé de rester dans cette relation toxique, vous avez la capacité d'agir comme il se doit. Vous pouvez tourner le dos à ladite situation en toute quiétude. Progresser sous l'emprise du ressentiment, de la peur ou de la colère est difficile. Avec le pardon, on lâche prise.

Le pardon est l'autre visage de l'amour. C'est un exercice à pratiquer constamment. Le simple fait de pardonner déclenche le processus et vous délivre de votre souffrance. Et surtout, comme pour les actes d'amour, il permet à votre vie de s'épanouir.

Le prunier
De ma cabane,
Personne n'a pu l'empêcher
De fleurir.

Poème zen

TROISIÈME PARTIE

L'atelier : comment vaincre la peur

L'Atelier

Comment l'utiliser

Cet atelier est là pour vous aider à vaincre la peur et à cultiver amour et sérénité. Les exercices proposés sont simples, agréables et efficaces. Pratiquez-les régulièrement, à votre rythme : ils vous apporteront la sérénité et faciliteront d'autant vos rapports avec autrui.

Ils correspondent aux chapitres de ce livre. Trouvez ceux qui vous parlent. Si l'un d'eux vous plaît particulièrement, faites-le quotidiennement. En cas de besoin, reportez-vous au chapitre auquel il renvoie.

Avec cet atelier, vous entreprendrez un voyage qui demande du temps et de la patience. Peut-être jugerez-vous préférable de travailler avec un proche. Vous pourrez ainsi communiquer, discuter de vos progrès, tout en vous soutenant mutuellement.

Ces exercices n'ont rien d'une obligation : abordez-les avec plaisir et curiosité. Ne vous arrêtez pas aux résultats, pratiquez ces exercices quoi qu'il arrive et vous verrez que, imperceptiblement, votre façon de voir la vie va évoluer.

Ne vous attendez pas à ce que tout change du jour au lendemain, mais sachez que le changement est inévitable. Ne vous découragez jamais, persévérez. La pratique de ces exercices va vous transformer. Et n'oubliez pas que vous n'êtes pas condamné à rester l'esclave de la peur : vous avez le droit de connaître la sérénité, la plénitude, d'oser être vous-même. Bon voyage !

Introduction

Affronter la peur

Refusez les faux cadeaux

La peur n'agit pas dans votre intérêt, contrairement à ce qu'elle prétend. Elle vous piège pour mieux vous faire tomber.

Regardez bien de quelle manière elle vous piège. Quel faux cadeau vous offre-t-elle ? Quelles sont les promesses qu'elle est incapable de tenir ? Quel en est le prix pour vous ?

Laissez filer la peur

Pensez à un jour où une vague de peur vous a submergé et où, au lieu de la subir, vous l'avez regardée passer – un jour où vous avez vu la vérité de la situation et avez préféré faire appel à votre force. Attardez-vous sur ce moment.

Laissez la peur se transformer

Vous ressentez de la peur ? Demandez à quoi elle ressemble. Cette sensation prend parfois la forme d'une image. Regardez cette image : quel sens a-t-elle pour vous ? Laissez-lui le temps de se révéler. Remerciez-la d'apparaître. Puis contentez-vous de la regarder.

Généralement, elle se transforme d'elle-même. En même temps, la sensation de peur se modifie aussi et vous la voyez telle qu'elle est – de la poussière charriée par le vent, une brise passagère, dénuée de sens, éphémère.

Conservez un carnet de victoires

Devenez conscient de toutes les occasions où vous avez réussi, malgré votre peur. Notez-les. Chaque fois que quelque chose de positif, de valable et de nourrissant se produit, bien que vous ayez été effrayé, notez-le. (Gardez un petit carnet sur vous, notez-y quotidiennement vos victoires et lisez-le souvent.) Prendre des notes vous aide à vous attarder sur un événement positif et vous donne l'occasion de le savourer pleinement. Apprenez à apprécier les événements positifs au lieu de vous appesantir sur ceux qui sont négatifs.

Il est tentant de glisser sur les bons moments où vous avez réussi et de vous concentrer plutôt sur ce qui est mauvais, négatif, ce qui reste à faire. À présent vous accordez du temps, de l'espace et de l'attention à ce qui est bon. Savourez ce qui est bon et remerciez pour cela. Rappelez-vous, ce à quoi on accorde de l'attention prend de l'ampleur. Plus vous prêterez attention à ce qui est positif et nourrissant, plus cela prendra de place dans votre vie.

PREMIER PRINCIPE
Le courage d'être soi-même

Voici quelques étapes du chemin des retrouvailles avec soi-même. Elles sont simples mais très efficaces. Pratiquez-les quotidiennement, un peu chaque fois.

Attendez d'en avoir terminé une pour passer à la suivante. Notez ce qui se passe pendant votre progression. En prenant conscience des merveilleux changements qui se produisent, vous vous sentirez encouragé à poursuivre.

1. Retirez un masque par jour

Quels sont les masques que vous portez chaque jour ? Comment voulez-vous que les autres vous voient ? Que redoutez-vous surtout que l'on voie chez vous ? Que vous coûte cette peur ? Retirez un masque par jour. Soyez vous-même pendant quelques instants chaque jour. Prenez ce que vous redoutez chez vous et consacrez quotidiennement un moment à aimer cet aspect de vous-même. Quand vous combattez et haïssez une part difficile de vous-même, cela ne fait que la renforcer et rendre la situation plus pénible. Accueillez cette part de vous-même dans votre vie. Regardez-la avec douceur. Laissez-la respirer. Laissez-la s'exprimer. Autorisez la vérité à être vue et dite.

2. Accordez du temps et de l'espace à ce qui vous rend heureux

Qu'est-ce qui vous rend heureux, comblé ? (Répondez à cette question sans trop réfléchir – notez ce qui vous passe par l'esprit.) Peu importe ce que les autres en pensent. Quel espace accordez-vous à ce qui vous rend le plus heureux ? Faites une place quotidienne à ce qui vous rend le plus heureux, ce qui vous comble vraiment. Même si vous n'y accordez que quelques minutes par jour au début, cela changera bien des choses.

3. Dites ce que vous pensez et réclamez ce dont vous avez besoin

Qu'est-ce que vous auriez besoin de dire sans jamais l'avoir fait ? À qui vous faut-il le dire ? Qu'attendez-vous vraiment des autres ? Êtes-vous disposé à le réclamer ? Êtes-vous disposé à accepter un oui ou un non comme réponse ? C'est important. Donnez à l'autre le droit de dire oui ou non. Il n'est pas obligé d'être votre copie conforme.

Parlez, exprimez ce qui est vrai à vos yeux. Faites-le gentiment. Cela ne signifie pas blâmer, haïr, ni agresser l'autre. Cela signifie simplement prendre la responsabilité de ce que vous ressentez, de ce que vous avez besoin d'exprimer, et apprendre à le faire avec dignité et assurance.

4. Militez pour votre propre camp

Êtes-vous disposé à vous défendre ? Militez-vous pour votre camp, connaissez-vous, savourez-vous vos propres expériences ? Passez du temps seul avec vous-même chaque jour. Découvrez ce qui se passe en vous. Tenez un journal, faites de longues promenades à pied, allez à la plage, traînez au parc, asseyez-vous sur un coussin sans bouger et respirez. Respirez profondément. Devenez votre meilleur ami.

5. Dites non

Que supportez-vous alors que vous feriez mieux de dire non ? Réfléchissez, puis dites non. Dites non à une chose à la fois. Comment vous sentez-vous ? Ne dites pas non avec colère ou ressentiment, dites non parce que c'est votre droit de dire non à ce qui est mauvais pour vous. Il n'y a pas d'autre moyen de découvrir votre moi authentique et de vivre en puisant dedans.

6. Dites oui

À quoi pouvez-vous dire un oui franc, massif, sans réserve, doute ni hésitation ? Dressez une liste. Prenez-en conscience. Puis, à une chose à la fois, dites oui, oui, oui. Merveilleuse, cette sensation de pleinement accepter et affirmer, de donner de vous-même totalement avec un grand oui, n'est-ce pas ? À qui dans votre vie pouvez-vous dire oui ? Appelez-les sans attendre et dites-leur oui.

Plus vous direz non à ce qui est néfaste pour vous, plus vous serez capable de dire oui. Votre liste s'allongera à pas de géant à mesure que reculeront la peur et l'indécision.

7. Choisissez la vie, choisissez la force

Choisissez de faire ces exercices. Souvenez-vous, le choix est entre vos mains. La peur n'a aucune autorité sur vous, à moins que vous ne lui laissiez le champ libre.

PRINCIPE 2
Apprendre à se détacher

1. Ouvrez les mains

À quoi vous accrochez-vous le plus ? De quoi cela vous prive-t-il ?

Seriez-vous disposé à ouvrir un peu le poing et à lâcher prise ? Aujourd'hui, ouvrez un peu le poing. Demain, un peu plus.

2. Ne séparez pas ce que vous aimez de ce que vous détestez

Comment séparez-vous ce que vous aimez de ce que vous détestez ? Qu'est-ce que vous poursuivez ? Qu'est-ce que vous refusez ? Qu'y perdez-vous dans l'histoire ? Aujourd'hui, inversez le cours des choses. Cessez de poursuivre ce que vous aimez, de refuser ce que vous n'aimez pas. Quoi qu'il arrive, dites seulement : « En est-il ainsi ? »

3. Quelque chose vient à vous, accueillez-le ; quelque chose part, laissez-le partir

Prenez conscience de la peur que crée votre volonté de vous accrocher. Décidez qu'aujourd'hui vous ne vous cramponnerez à rien. Quelque chose vient à vous, accueillez-le ; quelque chose part, laissez-le aller. Notez combien vous vous sentez différent alors. Notez combien le monde réagit à vous différemment.

4. Cessez de refuser le changement

Cherchez ce que vous aimeriez voir rester en l'état. Depuis combien de temps le souhaitez-vous ? La situation est-elle effectivement restée la même ? Comment avez-vous réagi aux changements par le passé ? Vous en êtes-vous tenu pour responsable, en avez-vous rejeté le blâme sur quelqu'un d'autre, vous êtes-vous efforcé d'empêcher le changement de survenir ? Êtes-vous capable à présent d'autoriser simplement les choses à changer ?

5. Laissez le changement se produire tout seul

Avez-vous désespérément envie de changer quelqu'un ou une situation ? Comprenez qu'en l'occurrence vous projetez vos propres besoins, vos propres idées. Autorisez ce qui est à rester en l'état. Cessez d'intervenir et autorisez le changement à se produire, à son heure et à son rythme.

Même si vous freinez des quatre fers, le changement surviendra de toute façon. Pourquoi chercher à vous interposer ? Vous intervenez parce que vous voulez vous sentir en sécurité. C'est seulement en vous libérant de la peur que vous y parviendrez. En cessant de lutter, en cessant de chercher à modifier ce que la vie apporte, vous vaincrez la peur et votre sentiment de sécurité croîtra. Essayez donc pour voir.

PRINCIPE 3
Reconnaître les voix intérieures

1. Apprenez ce qui est réel et ce qui ne l'est pas

Exercez-vous quotidiennement à faire la connaissance de la réalité. Détournez votre attention de vos rêves pour vous concentrer sur ce qui se passe vraiment. Partagez une page en deux colonnes. Dans la première, écrivez ce qui se passe ; dans la seconde, ce que vous aimeriez qu'il se passe. Attardez-vous sur ce qui se passe vraiment. Exercez-vous de plus en plus longtemps chaque jour.

Plus vous pratiquerez cet exercice, plus vous serez capable de vivre dans la réalité et de reléguer vos fantasmes au second plan. Il est même possible que vous découvriez que vous appréciez ce qui se passe, que cela vous libère et que, dans le fond, il n'y a rien à craindre.

2. Autorisez-vous à avoir tort quand c'est le cas

Vous avez tort ? Admettez-le sans attendre. Comprenez qu'il n'y a aucun mal à se tromper. Notez cinq façons dont vous pourriez vous tromper dans une situation. Puis choisissez-en une consciemment. Ayez tort consciemment. Observez ce qui se passe.

3. Appréciez chaque erreur

Vous vous êtes trompé ? Admettez-le et réjouissez-vous d'avoir agi, parce que maintenant vous pouvez progresser. Prenez conscience qu'il ne s'est rien passé d'irrémédiable. Découvrez ce que vous avez appris de votre erreur. Si vous devez rectifier le tir, ne tardez pas. Oubliez la culpabilité ; elle n'a rien de nécessaire. Prenez conscience que vous êtes humain et avancez.

Reconnaître la voix intérieure

Vous êtes plongé dans un fantasme ? Arrêtez-vous. Notez le temps que vous passez ainsi. Écrivez noir sur blanc vos fantasmes dominants et ce qui les entretient. À présent vous êtes sur la voie de la pleine conscience. La pleine conscience empêche ces fantasmes de croître sur-le-champ.

Cet exercice a été conçu pour que vous compreniez la sensation de ce que le geste d'autoriser fait naître. Nous combattons le plus souvent tout ce qui se passe. Nous ripostons, nous contrôlons, nous cherchons à façonner la vie selon nos exigences. Là, nous inversons ce processus et nous apprenons à autoriser. Autorisez-vous à autoriser. Plus vous autoriserez, plus vous gagnerez en gentillesse, en calme, en sérénité, et moins vous aurez peur. Et plus votre entourage s'épanouira. Essayez donc un peu pour voir.

Vous êtes en compagnie ? Soyez présent pour l'autre sans rien en attendre. Ne comblez pas les silences, ne complétez pas les phrases de votre interlocuteur, ne l'interrompez pas. Laissez les choses suivre leur cours. Si un sentiment se manifeste, ressentez-le. Ne cherchez rien, n'évitez rien. Autorisez-vous aussi à être exactement vous-même. N'exigez rien de vous-même ni des autres en échange du temps consacré.

Dialoguer avec les voix intérieures

Cet exercice aide à résoudre le conflit intérieur, à rencontrer les nombreux aspects de vous-même, les différentes voix qui coexistent en vous, et à devenir leur ami. Au début, prenez ce qui vient et assurez-vous de remercier chaque fois. Cela vous paraîtra peut-être un peu bizarre au départ, mais cela deviendra vite naturel. Si une part de vous-même, ou une voix, vous demande quelque chose et si vous acceptez de le donner, assurez-vous que vous tenez votre promesse. Exercez-vous régulièrement. Faites savoir à vos voix intérieures que vous reviendrez et qu'elles peuvent compter sur vous.

Passez du temps chaque jour à dialoguer avec vos voix intérieures. Rencontrez-les, accueillez-les, apprenez à les connaître, et surtout autorisez-les à s'exprimer.

Pour commencer, taisez-vous, fermez les yeux, concentrez-vous. Écoutez votre respiration, ou immobilisez-vous. Pensez à une émotion qui vous habite ou à un souci qui vous cause du tracas. Ressentez complètement cette émotion ou cette contrariété. Qu'est-ce que cela éveille dans votre esprit et dans votre cœur ? Ressentez-le. Ne cherchez pas à l'exprimer ni à l'expliquer. Votre tâche, c'est simplement d'être présent pour ce qui se passe, d'observer, d'écouter et de laisser faire.

À présent, demandez-vous : Qui ressent cela ?

À votre grande surprise, vous obtiendrez une réponse. Les réponses se présentent de diverses façons. Certains sentent la présence d'une voix, de quelqu'un qui désire s'exprimer. D'autres verront une image ou auront simplement des sensations. Restez conscient et autorisez les réponses à vos questions à se présenter sous la forme de leur choix. Plus vous vous montrerez compréhensif, plus vous découvrirez. Si aucune réponse ne se présente, ce n'est pas grave : n'insistez pas.

À présent, posez-vous de nouveau la question : qu'est-ce que cette sensation cherche à vous dire ? Qu'avez-vous besoin de savoir ?

Le simple fait de poser cette question peut donner lieu à toutes sortes de réponses. Des pleurs, des rires. On a soudain cette merveilleuse sensation d'exister, d'être pris en compte. Enfin, quelqu'un est là pour entendre ce qui se passe dans votre cœur. Vous devenez un autre pour vous-même. Dès que vous êtes présent pour vous-même, vous vous sentez fortifié et soutenu.

Ne jugez pas la réponse. Quelle que soit sa forme, dites merci. Si vous jugez ou rejetez ce que vous entendez, cette voix va se taire. Autorisez-la à parler tout son saoul. Faites-lui savoir que vous êtes reconnaissant de ce qu'elle vous a fait partager.

Il arrive que vous entendiez ou découvriez quelque chose, mais que vous n'ayez pas la moindre idée de la façon d'y réagir. Peu importe. Entendez, c'est tout. Puis demandez : Existe-t-il une autre partie de moi-même, une autre voix ou une autre source de compréhension qui ait un commentaire à offrir ? Ou encore, demandez quelle peut être l'étape suivante.

Très souvent, une autre partie intérieure s'exprime. Il existe d'autres points de vue intérieurs, d'autres réactions devant la situation ; il arrive que vous découvriez une sagesse soudaine ou de nouvelles idées.

Autorisez toutes les parties à dialoguer. À aller et venir. Demandez ce que chacune souhaite, désire, comment toutes peuvent coexister dans la plus grande harmonie. On se retrouve parfois dans une impasse ; un conflit peut surgir. Demandez alors si une autre partie de vous-même, plus sage, plus âgée, plus expérimentée, a une solution à proposer ou quelque chose à ajouter.

À cet instant-là, votre intuition se manifeste, offrant un moyen de combler des vides, de créer l'harmonie, de proposer des solutions et d'apporter la paix.

Faire cet exercice réserve des surprises saisissantes. Vous découvrirez peut-être en vous des forces et des sentiments dont vous ignoriez complètement l'existence. Ce n'est pas grave. Ensuite, faites preuve de douceur à votre égard. Donnez-vous le temps de digérer et d'intégrer ces découvertes. Respirez, ou encore partez faire une promenade, pour vous remercier du travail que vous venez d'accomplir.

Certains voient immédiatement les résultats de cet exercice ; pour d'autres, cela peut prendre un moment. Puis ils se découvrent soudain capables de se lancer dans une nouvelle entreprise, ou encore de résoudre un conflit qui les tarabustait. Après ces exercices, les changements se produisent en silence et souvent inconsciemment. Vous avez bêché le sol de votre esprit pour y planter de nouvelles graines. Accordez-leur le temps de germer.

PRINCIPE 4
Trouver un havre de paix

1. De quoi avez-vous besoin pour vous sentir en sécurité ?

Dressez une liste de ce dont vous avez besoin pour vous sentir en sécurité. Comment faites-vous pour l'obtenir ? Que se passe-t-il si vous n'y parvenez pas ? Comment gérez-vous la peur qui vous envahit ?

À quel vrai danger avez-vous la sensation d'être confronté ? Redoutez-vous une perte, une insulte, le ridicule ? Quelle est votre vraie peur en l'occurrence ? Qu'est-ce qui pourrait vous apporter un sentiment de sécurité et de sérénité dans cette situation ?

Êtes-vous disposé à réclamer ce dont vous avez besoin ? Êtes-vous disposé à faire part à quelqu'un de ce qui vous gêne ? Tentez l'expérience dès aujourd'hui. Si vous avez besoin de quelque chose, demandez-le. Si quelque chose vous gêne, discutez-en aujourd'hui, calmement.

Arrêtez-vous un instant et songez à trois occasions dans votre vie où vous avez été vraiment triste ou contrarié. Comment avez-vous géré la situation ? Avez-vous exprimé votre tristesse, votre contrariété ? Comment avez-vous réagi ? Vous êtes-vous mis à hurler, à rejeter la faute sur quelqu'un d'autre, avez-vous sombré dans la dépression ? Ces réponses sont nuisibles ; elles expliquent pourquoi vous ne vous sentez pas en sécurité.

2. Gérez les fausses attentes

Certaines de vos attentes vous desservent-elles ? Auxquelles vous cramponnez-vous ? Lesquelles vous conduisent à être en colère contre les autres lorsqu'elles ne sont pas satisfaites ? Lesquelles vous mettent en colère contre vous-même ?

Dressez la liste de cinq attentes qui vous protègent selon vous. Examinez-les de près. Est-ce vraiment le cas ?

Partagez une feuille de papier en deux colonnes. Dans la première, écrivez ce qui s'est vraiment passé. Dans la seconde, ce que vous espériez. Comparez les deux. Nous avons tendance à ignorer ce qui s'est passé et à vivre avec nos attentes. Aujourd'hui, faites le contraire. Renoncez à une attente irréelle.

3. Débarrassez-vous de vos défis destructeurs

Notez les défis qui pour vous sont destructeurs ou constructifs. Renoncez à un défi destructeur aujourd'hui. Quoi qu'il arrive cette semaine, n'y revenez pas. Comment vous sentez-vous ? Consacrez la semaine à relever un défi. La semaine prochaine, passez à un autre.

En commençant à nettoyer votre vie de ces faux défis, vous verrez la peur s'éloigner. Et vous ferez de la place pour de nouveaux défis sains. Notez-les lorsqu'ils apparaîtront. Exemple : vous recevez une proposition d'emploi pour laquelle vous n'avez pas l'impression d'être à la hauteur. Quelqu'un entre dans votre vie. Vous décidez de peindre ou d'écrire une pièce. Les faux défis dissimulent les plus profonds que vous craigniez peut-être de relever.

Notez tous vos défis intérieurs constructifs. Vous avez envie de reprendre vos études ? Vous rêvez de changer de métier ? de courir le marathon ? d'inviter quelqu'un à dîner, de vous initier à la danse de salon ? N'hésitez pas à écrire ces défis noir sur blanc. Dès que votre dépendance à la douleur se calme, dès que vous renoncez à vos schémas destructeurs, vous aurez l'énergie, le temps et la capacité de vous lancer dans un défi constructif.

4. Cessez de lutter contre ce qui vous fait peur

Consacrez un moment à vous imaginer face à face avec ce qui vous fait peur.

Contentez-vous d'imaginer. Cessez de le combattre, de lutter. Contentez-vous d'être là. Laissez votre hantise prendre la forme qui lui plaira. Respirez. Respirez jusqu'à ce que la peur se dissipe. Elle se dissipera. Si vous cessez de la combattre, de la haïr, elle va s'essouffler et commencer à disparaître.

5. Rejetez les suggestions négatives

Toute la journée, vous êtes en butte à des suggestions négatives. Consciemment ou inconsciemment, on vous terrifie. Dites non. Repoussez ces suggestions. Comprenez aussitôt qu'il ne s'agit que de suggestions négatives qui visent à vous faire peur, à vous affaiblir, à vous mettre à la merci d'une domination. Vous avez le pouvoir de refuser ces suggestions (et leurs auteurs), et il vous revient de le faire quotidiennement.

6. Invitez tout ce qui est bon et bénéfique dans votre vie

Peut-être avez-vous du mal à imaginer que vous avez le pouvoir d'inviter tout ce qui est bon dans votre vie. Peut-être êtes-vous entouré de pensées, de circonstances et d'êtres négatifs, mais vous n'êtes pas obligé de les autoriser à vous dominer. Prenez le temps d'inviter tout ce qui est bon et bénéfique dans votre vie. Procédez comme il vous plaît. Asseyez-vous sous un arbre et lancez l'invitation, écrivez-la, exprimez-la, chantez-la, rédigez une déclaration et collez-la à votre mur.

Certains ont le sentiment de ne pas mériter ce qui est bon et bénéfique. Faux : vous pouvez inviter ce qui est bon pour vous ; vous le méritez. Plus vous accueillez ce qui est bon et bénéfique pour vous, plus vous serez en mesure de remonter le moral de votre prochain.

7. Passez quotidiennement un moment seul

Peut-être avez-vous peur d'être seul loin du bruit et de l'agitation, convaincu que vous n'êtes en sécurité qu'en présence d'amis chers. En fait, plus vous êtes capable de rester seul avec vous-même, de consacrer du temps à vous connaître, plus votre force intérieure et votre sagesse se révéleront. Ne rien exiger de soi-même, se contenter d'être qui l'on est, est un immense cadeau.

Plus vous vous y habituerez, plus il vous sera facile de trouver le chemin de votre havre de paix, et votre peur de la solitude se dissipera à mesure que vous découvrirez les joies d'être seul.

PRINCIPE 5
Distribuer les bénédictions : les actes d'amour

Le pardon commence par la volonté de pardonner – tant aux autres qu'à soi-même. Il faut pratiquer régulièrement le pardon, comme on se brosse les dents ou l'on prend une douche. Se contenter de dire « Je vous pardonne » n'est qu'une étape. Cela peut ne pas suffire. Pour déraciner sa colère ou son ressentiment, cette pratique du pardon fait merveille. En pratiquant régulièrement les étapes, vous découvrirez qu'il est impossible de rester en colère. Un jour de pratique et, déjà, une once de colère s'évapore. Si la colère s'accroît, cela ne signifie pas que vous avez échoué, seulement qu'il existe encore une couche à éliminer. Poursuivez l'exercice jusqu'à ce que vous vous sentiez complètement libéré et plein d'amour.

1. Transformer la haine en bonne volonté

Songez un instant à ceux que vous n'aimez ni ne respectez. Quelles pensées vous inspirent-ils ? Comment réagissent-ils ? À présent, prenez conscience des pensées négatives que vous vous inspirez. Quel effet ont-elles sur vous ?

Concentrez-vous sur l'effet que votre incapacité de pardonner a sur vous. Pensez-vous souvent à l'objet de votre haine ? Quelle énergie y consacrez-vous ? En quoi votre incapacité de pardonner vous handicape-t-elle sur d'autres plans ?

Demandez-vous si vous êtes disposé à abandonner votre haine, à l'expulser de votre vie. Si ce n'est pas le cas, arrêtez-vous le temps de prendre conscience des dégâts qu'elle vous cause. L'objet de votre colère en souffre-t-il autant que vous ?

Si vous êtes disposé à vous libérer de la colère, gardez-vous de justifier la haine. Voyez-la comme un poison. Lorsqu'elle se manifeste, vivez la sensation telle qu'elle est, à savoir une émotion désagréable. Ne refoulez pas l'énergie, ne la niez pas non plus, vivez-la pleinement puis délaissez-la. Dites-lui au revoir, regardez-la s'éloigner. La capacité de rester ferme et concentré pendant l'expérience de la haine, de ne pas y céder, est la marque d'un être mûr.

Un autre moyen de chasser la haine est de vous rappeler que ce que vous donnez à l'autre, vous le recevez simultanément en retour. Si vous donnez de la colère, vous recevrez de la colère. Si vous offrez compassion et pardon, vous le recevrez en même temps.

Oubliez ce qui entretient votre colère. Une grande partie de votre colère et de votre haine est entretenue par l'histoire que vous vous racontez (et que vous racontez aux autres). Ne vous concentrez pas sur l'histoire que vous vous racontez, ni sur les raisons d'alimenter la haine. Cette histoire, vous l'avez inventée. Si vous inventez une autre histoire, si vous imaginez des interprétations différentes de ce qui s'est produit, la haine n'apparaîtra pas. En fait, vous ressentirez peut-être même de la compassion ou de l'amour.

Trouvez vos points communs avec l'autre. Vous croisez quelqu'un dont vous vous méfiez, qui vous fait peur : arrêtez-vous immédiatement. Trouvez un trait de caractère qui vous plaît chez lui, cherchez vos points communs, des manières dont vous pourriez lui tendre une main secourable. Dépassez vos idées préconçues. Posez des questions. Écoutez ce qu'on vous dit. Découvrez qui est vraiment l'autre, ce qui compte à ses yeux.

Rappelez-vous tout ce qu'il a fait pour vous. Sous l'emprise de la haine, il est facile de perdre de vue l'ensemble de la relation, tout ce qui s'est produit au cours de celle-ci. Pensez consciemment à tout le bien que cet être vous a apporté. Souvenez-vous de ses bontés pour vous. Songez aux qualités que vous respectez en lui.

Rappelez-vous aussi ces moments où vous vous êtes comporté de la même façon que lui. Pouvez-vous maintenant vous le pardonner et lui pardonner en même temps ?

Si vous estimez que cet être mérite votre haine, arrêtez-vous un instant et prenez conscience qu'il ne sait pas comment trouver le bonheur et que son comportement négatif est un reflet de lui-même, non de vous. Cela ne vous vise pas personnellement, c'est simplement une expression de son malaise. Celui qui se connaît soi-même et se sent comblé ne s'en prend pas à autrui. Voyez-le comme quelqu'un qui souffre, qui appelle à l'aide.

Et vous ?

Dressez une liste de tout ce que cet être a pu faire pour gagner votre respect. Seriez-vous jaloux de lui ?

Dressez une autre liste de ses actes que vous jugez peu respectables. Comparez avec votre propre vie. Vous êtes-vous rendu coupable de ce genre d'actes ? Si tel est le cas, décidez sur-le-champ de les éliminer.

Respirez profondément. Chassez la culpabilité. Prenez cela comme une aventure fascinante. Comprenez que c'est un exercice efficace pour vous libérer de la peur, de la haine de soi, de la haine de l'autre, et apprendre à mener une existence fondée sur le respect de soi.

Pardonnez-vous. Si vous ne pouvez pas vous pardonner un acte, demandez-vous comment vous pouvez effacer l'ardoise, vous pardonner et prendre un nouveau départ. Si vous vous posez sincèrement la question, vous finirez par découvrir ce qui est nécessaire pour une réconciliation. Faites-le. Si vous ne pouvez pas le faire avec celui que vous avez offensé, faites-le avec quelqu'un d'autre. Vous n'avez pas besoin du pardon d'un autre pour vous pardonner vous-même. Il suffit que vous sachiez ce dont vous avez besoin pour accepter la situation sans culpabilité. Une fois que vous vous pardonnez à vous-même, il devient bien plus facile de pardonner aux autres.

Le pardon et l'offre d'amour sont les deux faces d'une même médaille. L'exercice ancien qui suit est un autre moyen d'offrir le pardon aux autres et à soi-même.

2. Offrir consciemment de l'amour

Dans le bouddhisme tibétain, il existe une belle pratique qui a pour nom *Tonglen.* Chaque fois que quelqu'un (dont vous-même) vous contrarie, envoyez simplement de l'amour. Même si vous n'en ressentez pas, dites : « Je t'envoie de la lumière et de l'amour. » C'est l'intention qui compte, non ce que vous ressentez. Continuez à envoyer de l'amour et de la lumière, quel que soit votre état d'esprit. Envoyez-les aussi à vous-même et à toute situation négative qui se présente.

C'est une pratique extraordinaire. Son efficacité est incontestable. Ceux à qui vous envoyez de l'amour et de la lumière le sentent confusément. Ils se mettent souvent à réagir différemment. Vous aussi le sentez. Cette pratique appliquée avec concentration et intentionnellement chasse votre propre haine et panse vos blessures.

Cet exercice d'une simplicité confondante a un pouvoir énorme. Certains refusent de s'y prêter. Ils se cramponnent à leur contrariété et à leur haine. Si cela vous arrive, envoyez de l'amour et de la lumière à votre refus et à votre haine. Si vous préférez la haine, vous pouvez toujours arrêter. Mais pourquoi ne pas céder un instant et tenter le coup ?

PRINCIPE 6
Renoncer au contrôle et à la domination

Notre besoin de tout contrôler vient en partie de rapports que nous avons eus avec des figures d'autorité. Regardez-les d'un œil neuf, faites-les tomber de leur piédestal, et non seulement vous récupérerez votre pouvoir mais vous commencerez à vous détacher du besoin de tout contrôler.

1. Faites la paix avec vos figures d'autorité

Qui sont les principales figures d'autorité dans votre vie ? Quelle influence ont-elles eue sur vous ?

Quand votre principale figure d'autorité s'est-elle trompée ? Vous êtes-vous autorisé à l'admettre ? Vous êtes-vous autorisé à la voir sous son vrai jour ? En êtes-vous capable maintenant ? Continuez-vous à être en conflit avec elle des années après ?

Étudiez de près cette figure d'autorité. Dressez la liste de ses défauts et de ses qualités. Qu'attendait-elle de vous ? Qu'attendiez-vous d'elle ? Qu'attendez-vous d'elle aujourd'hui ? Êtes-vous disposé à voir un égal en elle, un individu sur cette terre qui a le droit de défendre ses points de vue, comme vous les vôtres ? Que gagneriez-vous en vous liant d'amitié avec cet individu et en récupérant le pouvoir que vous avez placé entre ses mains ?

2. Renoncez à la compulsion de tout contrôler

Cet exercice est essentiel dans la victoire sur la peur. Il est très simple. Arrêtez-vous un instant et notez votre désir de contrôler une personne, un événement, un sentiment ou encore une situation. Laissez ce désir vous envahir complètement, puis laissez-le doucement s'éloigner. Expirez-le, regardez-le disparaître, remerciez-le de s'être mis à votre disposition, ou contentez-vous de faire l'expérience de votre volonté de cesser de contrôler cette personne, cette situation, ce sentiment, cet espoir. Quand le désir de tout contrôler s'évanouira, vous vous surprendrez à respirer un bon coup, à sourire, à rire, à lentement vous détendre.

Vous croyez que renoncer au désir de tout contrôler va vous rendre plus vulnérable ? Faux – c'est tout le contraire. Vous sentirez que vous maîtrisez mieux les choses. Vous vous laissez porter par le courant de la vie. Certains jugent utile de laisser Dieu ou l'univers les guider. D'autres aiment se voir en train d'ouvrir leur cœur et leurs mains. Renoncer au désir de tout contrôler peut également se faire physiquement – vous sentez dans vos entrailles le besoin de tout contrôler, puis vous l'expirez, vous le libérez, c'est une énergie qui sort de vous.

Il est important de pratiquer souvent cet exercice. Chaque fois que quelque chose éveille en vous un désir de contrôle, lâchez prise. Au début, vous aurez besoin de vous concentrer. Au bout d'un moment, cela deviendra naturel. Vous rencontrerez des situations dans lesquelles il est facile et agréable d'autoriser le désir de contrôle à diminuer. Ce sera plus difficile dans d'autres cas ou relations. Tout cela exige de la pratique. Vous êtes en train de vous faire de nouveaux muscles, d'acquérir une nouvelle approche des autres et de votre place dans le monde.

Plus vous abandonnez votre besoin de tout contrôler, plus vous éliminez de contrôle malsain et plus vous devenez équilibré et fort. En poursuivant ce processus, non seulement vous serez plus détendu, ouvert, confiant et plein de ressource, mais vous verrez de merveilleuses nouvelles possibilités, de nouvelles gens, entrer dans votre vie. Le contrôle malsain vous avait rendu rigide, nerveux et limité, tenant à distance une grande partie de ce qui était constructif. En renonçant à lui, en ouvrant votre cœur, vous verrez votre vie se métamorphoser.

PRINCIPE 7
Découvrir sa nature parfaite : devenir un ami

Ce chapitre renferme de nombreux outils pour chasser le conflit tant intérieur qu'extérieur. Dès que le conflit intérieur diminue, votre approche de l'extérieur évolue, et inversement.

1. Identifiez vos principaux conflits

Prenez le temps de repérer vos principaux conflits. Notez-les noir sur blanc. Remarquez que les conflits intérieurs et extérieurs sont deux aspects d'un même problème.

2. Identifiez vos désirs et besoins

Le conflit surgit souvent parce que vous n'avez pas conscience de la différence entre vos besoins et vos désirs. Peut-être luttez-vous pour ce que vous désirez – même si c'est inaccessible – tout en négligeant vos réels besoins. Distinguer les uns des autres vous permettra de réduire le conflit.

Arrêtez-vous le temps de repérer vos vrais besoins et valeurs. Êtes-vous capable de réclamer que l'on réponde à vos besoins ? Comment vous y prenez-vous ? Êtes-vous capable d'autoriser votre cher et tendre à dire aussi bien non que oui ?

Repérez clairement vos désirs et besoins dans une situation qui est actuellement une source de conflit. Posez-vous la question : faut-il que tous ces besoins soient satisfaits pour que je me sente comblé, pour que le conflit prenne fin ? Si un besoin vous paraît essentiel, mettez une croix à côté. S'il est négociable – il peut être satisfait ou ne pas l'être –, mettez une étoile à côté. Faites le tri. Il n'est pas nécessaire que tous vos désirs soient satisfaits, mais les vrais besoins, si. Une fois que vous savez quels besoins et quelles exigences sont acceptables, vous créez non seulement des limites mais aussi de solides fondements pour une solution saine.

3. Comment demandez-vous
que vos besoins soient satisfaits ?

Le demandez-vous franchement, directement ? Ou, au contraire, usez-vous de manipulations, de cajoleries, de séduction, de chantage, tapez-vous du poing sur la table ? Ajoutez d'autres moyens à cette liste. Soyez honnête avec vous-même : personne d'autre ne la lira.

Dressez à présent une liste de vos réactions quand on vous oppose un refus. Est-ce que vous boudez, vous repliez sur vous-même, vous mettez en colère, faites payer l'autre pour son refus ? Êtes-vous capable d'autoriser votre cher et tendre à vous dire non sans prendre les armes ? Si ce n'est pas le cas, votre cher et tendre devient votre esclave.

En faisant cet exercice, vous prenez la responsabilité de votre part dans l'escalade du conflit. Souvent, il suffit d'agir ainsi pour que le conflit s'éteigne tout seul.

4. Arrêtez le jeu des reproches

Le reproche vous empêche d'être clair et de prendre la situation en main. C'est également un excellent moyen de cesser d'agir et d'éviter de faire ce qu'il faut. On peut devenir accro aux reproches. On ne résout rien ainsi, on détourne l'attention. Cessez les reproches. Autorisez chacune des parties à avoir à la fois raison et tort.

5. Renoncez au ressentiment

De quoi avez-vous besoin pour renoncer au ressentiment et vous sentir mieux ? Êtes-vous capable de le demander ? Pouvez-vous vous l'accorder à vous-même ? À un autre ? C'est un exercice fascinant. Plus vous le pratiquerez, plus vous vous libérerez non seulement du ressentiment mais aussi de toutes sortes d'obstacles.

6. Mettez au rebut les attentes irréalistes

Prenez conscience de ce que vous attendez de vos adversaires et de vous-même. Est-il possible que quelqu'un satisfasse vos attentes ? Est-il possible que quelqu'un satisfasse les leurs ? Quelle différence y a-t-il entre ce qui est attendu et la vérité de la situation ? Mettez au rebut les attentes irréalistes. On fait un pas de géant vers le règlement d'un conflit quand on voit et accepte ce qui est réel et possible.

7. Autorisez-vous à être gagnant

Il est possible que vous vous plaisiez dans le conflit et que vous vous y accrochiez parce que vous refusez de vous autoriser à être gagnant. Une fois que vous vous autorisez à réussir, vous n'êtes plus obligé d'aggraver le conflit, et vous trouvez plus facilement des solutions positives.

Comment vous sentez-vous quand vous êtes gagnant ? Êtes-vous fier de votre réussite ? Que ressentez-vous ? Peut-être avez-vous du mal à vous autoriser à gagner.

Dressez une liste de toutes vos réussites au travail, dans une relation ou dans un projet qui vous tenait à cœur. Qu'avez-vous ressenti ? On est parfois surpris de souffrir quand on réussit quelque chose. Êtes-vous capable d'être content de vous ? Êtes-vous disposé à réussir ?

Comment vous empêchez-vous de réussir ? Une fois que vous verrez les choses avec lucidité, vous pourrez éliminer les comportements destructeurs et les conflits inutiles.

8. Autorisez les autres à gagner

Vous cramponnez-vous à la mentalité « c'est moi contre le reste du monde » ? Êtes-vous conscient qu'en prenant quelqu'un en otage dans un conflit, vous y laissez votre énergie et votre bien-être ?

Que demandez-vous pour autoriser votre adversaire à gagner ? Dressez la liste des manières dont vous pouvez gagner ensemble. Dressez la liste des avantages que vous auriez à transformer un concurrent en ami.

9. Devenez ami avec vos adversaires

Qui considérez-vous comme des concurrents ? Quels sentiments vous inspirent-ils ? Faites une liste des fois où la concurrence vous a rendu plus fort et où votre adversaire et vous êtes devenus amis. Êtes-vous capable de voir la concurrence de manière constructive ? Êtes-vous capable de voir vos adversaires comme des amis, de reconnaître que leurs désirs et leurs besoins ont autant d'importance à leurs yeux que les vôtres pour vous ? Pouvez-vous leur donner une partie de ce qu'ils réclament ? Qu'est-ce que cela vous coûte vraiment ? Souhaitez ce qu'il y a de mieux pour eux et pour vous-même. Dès lors, vous serez tous gagnants.

10. Gérez les prédateurs

Qui sont les prédateurs dans votre vie ? En sont-ils réellement – vous veulent-ils du mal ? En êtes-vous vraiment sûr ? Prenez du recul et assurez-vous qu'il n'est pas possible de transformer la relation avec le prédateur supposé. Tentez le coup. Si c'est impossible, admettez la situation et prenez les mesures nécessaires.

11. Abattez les tueurs silencieux

Conservez une liste quotidienne de vos tueurs silencieux, ceux qui pompent votre énergie, votre enthousiasme et votre volonté. Une fois que vous serez conscient de qui ils sont, ils cesseront d'exercer leur pouvoir silencieux sur vous. Dès que l'un d'eux surgit, réagissez immédiatement pour préserver votre tonus. Prenez vos distances avec les tueurs silencieux, dites non à leurs message et impact négatifs ; tournez-vous consciemment vers ce qui vous rend positif.

12. N'abandonnez jamais personne

Êtes-vous disposé à ne jamais abandonner quelqu'un ? Jusqu'où êtes-vous capable de l'accompagner ? Quelle est votre limite ? Quel comportement ne pouvez-vous pas tolérer ? Pourquoi ? Qu'est-ce qui vous a poussé à croire en lui ? Qu'est-ce qui vous pousse à lui tourner le dos ?

Quelqu'un vous a-t-il déjà soutenu contre vents et marées ? Quel sentiment cela a-t-il éveillé en vous ? Que s'est-il passé quand il a décidé que c'était terminé ? Êtes-vous prêt à vous soutenir vous-même contre vents et marées ?

Écrivez le nom de celui ou celle que vous n'abandonnerez jamais. Quel est son trait de caractère qui vous incite à le faire ? Petit à petit, pouvez-vous ajouter des noms à cette liste ?

Trouver la pièce précieuse

1. Prenez le temps d'être seul : tournez-vous vers vous-même

Si l'on veut trouver la pierre précieuse, il faut être disposé à cesser de courir dans tous les sens, de la chercher partout, chez tout le monde. Le temps est venu pour vous de retirer vos chaussures, de poser vos valises, de vous aménager un coin à vous, de vous asseoir et de respirer.

Asseyez-vous immobile, le dos bien droit, les jambes croisées, les yeux ouverts et écoutez-vous respirer. Laissez les pensées venir. Laissez d'autres pensées s'éloigner. Ne vous laissez pas piéger par elles, ne les jugez pas, ne les combattez pas, laissez-les défiler devant vous. Devenez l'ami de votre respiration. Laissez-la vous accompagner partout.

2. Prêtez attention à votre respiration

Laissez-la suivre son rythme. Attendez qu'elle vous guide, vous donne ses instructions, vous emplisse de tonus, vous accompagne. Laissez la sérénité décider.

La sérénité se montre toujours bonne et généreuse. Si vous êtes enclin à des pensées, des mots ou des actes qui ne sont en rien bénéfiques, attendez, immobile, que cela passe. Ce n'est qu'un écho d'un esprit en proie au chaos.

3. Soyez pleinement conscient

Prêtez attention à toute chose, aux activités les plus simples, comme de vous brosser les dents ou de couper une pomme. Aucune activité n'a intrinsèquement plus d'importance qu'une autre : quand nous sommes en état de pleine conscience, la moindre d'entre elles devient passionnante.

4. Acceptez les autres, acceptez-vous vous-même

Regardez autour de vous. Qui sont les personnes présentes ? Regardez-les bien. Êtes-vous disposé à les accepter ? Que se passera-t-il si elles se mettent aussi à vous accepter ?

Faites une liste des choses que vous avez du mal à subir. Pouvez-vous essayer vous de les supporter aujourd'hui ? Que ressentez-vous alors ? Faites une liste des traits de caractère que vous rejetez chez les autres, des gens avec qui vous ne pourriez jamais être ami. Demandez-vous s'il n'existe pas des traits de caractère chez vous que vous refusez d'accepter. Mettez-vous sans attendre à les accepter.

Qui est dans votre vie en ce moment ? Imaginez-vous en train d'accepter chaque personne ; imaginez-les en train de vous accepter. Que ressentez-vous ? S'il vous est impossible de l'imaginer pour l'une d'elles, pourquoi ? Qu'est-ce qui devrait changer en elle pour que vous l'acceptiez ? Qu'est-ce qui devrait changer en vous ?

5. Choisissez la vie, choisissez l'amour

L'amour est un choix. Ce n'est pas un sentiment éphémère ; il croît par le biais d'actes d'amour. Et ils sont à votre portée, quoi que vous ressentiez. Il suffit de le décider, de faire ce choix, et le cours des choses changera. Vous êtes confronté à de l'hostilité ? Choisissez l'amour. La capacité de choisir est l'un des dons les plus précieux qui aient été donnés à l'être humain. Choisissez de choisir. Choisissez la vie, choisissez l'amour. Choisissez d'être vous-même. Ces choix ouvrent des possibilités infinies, ils déplacent des montagnes. Essayez, vous verrez.

Nous ne nous interrogeons jamais sur le sens de la vie quand nous sommes amoureux.

Bhagwan Shree Rajneesh

D'autres lois simples de l'amour

• Il n'y a jamais pénurie d'amour. L'amour est disponible à tout moment, partout.

• Lorsqu'il paraît y avoir pénurie d'amour, c'est seulement parce que vous le tenez à distance.

• L'amour est un choix. Choisissez de laisser entrer l'amour dans votre vie.

• La perception est essentielle. Votre façon de percevoir va modeler votre vie. Êtes-vous de ceux qui trouvent l'amour ou bien de ceux qui critiquent tout, tout le temps ?

• Soyez vigilant à la différence entre l'amour vrai et sa contrefaçon.

• Il n'y a pas d'inconnus. Juste des amis dont vous n'avez pas encore fait la connaissance.

• L'égocentrisme n'apporte jamais la paix.

- Aimez complètement, sans rien attendre en retour.
- Vous n'avez pas besoin de l'amour des autres pour être comblé. Vous êtes l'amour.
- En donnant de l'amour, vous apprenez qui vous êtes.
- Il ne faut pas lutter pour l'amour. Il faut lui ouvrir les bras, l'inviter.
- Soyez ouvert sans espérer obtenir quelque chose en échange. Montrez-vous ouvert, point.
- Vous vous attirez tout ce que vous avez le sentiment de mériter.
- Vous ne recevrez jamais de personne plus que vous n'êtes prêt à vous accorder à vous-même.
- Il existe un magnétisme naturel qui choisit pour chacun ce qui lui appartient.
- La vraie lutte est intérieure et ce n'est rien d'autre qu'une lutte entre le moi réel et le moi idéal.
- Vous vous créez un masque pour affronter ceux des autres et vous vous demandez ensuite pourquoi vous êtes incapable d'aimer et vous sentez si seul.
- La vraie générosité est un état d'esprit qui permet à l'autre d'être qui il est.
- Le naturel est bien. L'aisé est bien. Être soi-même est bien. Vous ne pouvez qu'être vous-même. Sinon, vous vous égarez.

Quelle sagesse montrez-vous dans vos relations ?

Découvrez votre quotient d'amour. Plus il est élevé, mieux vous vivez vos relations, plus vous appréciez l'expérience, plus vite vous vous relevez si elle se termine et devenez disponible pour ce qui suit. Plus il est bas, plus les complications seront nombreuses.

Donnez-vous de 1 à 5 points pour chaque question, 5 étant le score le plus élevé.

1. Je vois généralement les meilleurs traits de caractère chez ceux avec qui je suis.

2. Je suis ouvert et à l'aise avec des tas de gens différents.

3. Quand je me lance dans une relation, je n'ai pas d'idées définitives sur son issue.

4. Je n'ai pas de mal à être comblé par mon compagnon.

5. Quand une relation commence à se dégrader, je ne suis pas du genre à faire des reproches.

6. Quand une relation prend une bonne tournure, je ne m'enfuis pas.

7. Je ne me perds pas dans mes fantasmes. Plus l'autre semble être la personne de mes rêves, plus je deviens pleinement conscient.

8. Il m'en faut peu pour être heureux.

9. Quand l'autre commence à s'éloigner, je suis reconnaissant du temps que nous avons partagé.

10. Quand l'autre commence à s'éloigner, je ne fais pas tout pour me cramponner.

11. Il m'est facile de donner et de recevoir.

12. Je ne vérifie pas ce que je reçois, surtout avant de donner en retour.

13. Il m'est facile de croire les autres. Je suis disposé à leur donner une chance.

14. Il ne me faut pas longtemps pour accorder ma confiance.

15. Si je découvre que l'autre a été infidèle, je ne claque pas la porte ; je suis disposé à rester afin de comprendre pourquoi.

16. Je suis capable d'autoriser les autres à être eux-mêmes, et de m'autoriser à être moi-même.

17. Je ne pense pas que si une relation ne dure pas éternellement j'ai échoué.

18. Je sais que chaque relation est un cadeau qui n'est offert que pour un temps donné.

19. Je n'exige pas qu'on me répète tout le temps que je suis un être merveilleux.

20. Je connais la Source de tout amour et je sais qu'elle ne se tarit jamais.

Scores

90-100 Un être sage. Capable de nouer des rapports sains et toniques.

70-90 Pas mal du tout. Sur la bonne voie.

50-70 Manque de pratique. Travaillez à devenir plus pleinement conscient.

30-50 Tendance à dissimuler et à s'accrocher. Pratiquez régulièrement les exercices.

0-30 Besoin d'être conseillé et guidé. Il est temps de vous débarrasser des peurs négatives.

Dissiper rapidement la colère : des solutions faciles

1. Adressez-vous avec gentillesse à celui qui est en colère contre vous.

2. Si quelqu'un a quelque chose à vous reprocher, écoutez-le attentivement.

3. Trouvez trois traits de caractère que vous appréciez et respectez chez votre adversaire.

4. Accordez à celui qui vous contrarie le bénéfice du doute.

5. Cessez d'essayer de contrôler celui contre qui vous êtes en colère. Laissez-le être qui il est.

6. Si vous avez raison dans un conflit, renoncez au fait que vous avez raison (pour l'instant, pour la journée). Permettez à l'autre de conserver son amour-propre.

7. Si deux personnes de votre connaissance se disputent, dites du bien de chacune à l'autre.

8. Donnez la priorité à l'autre. (Vous n'avez pas toujours besoin d'être le premier.)

9. Pratiquez le pardon : chaque jour faites-vous fort de pardonner à qui vous n'avez pas encore pardonné.

10. Demandez-vous : Jusqu'où aller dans la souffrance ? Suis-je disposé à me sentir bien aujourd'hui ?

Rappelez-vous

Vous n'êtes pas blessé par les actes et les paroles des autres. (Ce sont vos réactions qui vous blessent.)

La colère peut devenir une dépendance.

Vous pouvez choisir vos réponses.

Le meilleur moyen de se défendre de la colère est d'être content de soi.

On ne peut pas vous insulter si vous refusez d'entendre une insulte.

Être en bonne santé et aimant est plus important que d'avoir raison.

Si vous vous présentez en victime, vous invitez les persécutions.

Quand vous attendez quelque chose, vous vous l'attirez.

Vous pouvez changer le cours de votre vie en changeant d'attitude vis-à-vis d'elle.

Que chacun puisse connaître le bonheur et les voies du bonheur.

Prière bouddhiste

Épilogue

Prendre un nouveau départ

Aimer, c'est souhaiter à l'autre ce qu'il souhaite pour lui-même, même si l'on n'est pas forcément la personne capable de le lui donner.

Virginia Lloyd

Vaincre la peur ne signifie pas ne jamais plus en ressentir. Il arrive que la peur soit saine et nécessaire. Elle vous apprend à ne pas mettre la main dans le feu et à s'écarter du chemin d'une voiture. Vaincre la peur, c'est l'empêcher de dominer votre vie, de déformer vos pensées et vos actes, de tout contrôler. Vous n'agissez plus, vous ne prenez plus de décisions sous son emprise ; vous repérez ses mensonges, vous savez qu'elle est mauvaise conseillère. À présent, quand la peur surgit, vous êtes capable de vous en libérer – elle n'est qu'un nuage qui masque momentanément le soleil. Dès lors, votre énergie est décuplée : vous êtes capable de déplacer des montagnes. Vous prenez un nouveau départ.

Prendre un nouveau départ, c'est mener une vie d'amour et de bonne volonté. Quoi que fassent les autres, vous pouvez toujours offrir de l'amour.

SOUHAITEZ CONSCIEMMENT LE MEILLEUR À TOUS, MÊME À CEUX AVEC QUI VOUS RENCONTREZ DES DIFFICULTÉS. DITES À CHACUN D'EUX : « PUISSIEZ-VOUS ÊTRE EN PAIX, VOUS SENTIR BIEN ET COMBLÉ. »

Même si vous ne vous sentez pas d'humeur, faites-le. Il n'est pas nécessaire d'accorder aux sentiments négatifs le droit de vous dicter votre comportement.

PEU IMPORTE CE QUE VOUS RESSENTEZ, SOUHAITEZ CE QU'IL Y A DE MIEUX À L'AUTRE. PUIS UNE DEUXIÈME FOIS. LA TROISIÈME FOIS, VOUS COMMENCEREZ À SENTIR QUE VOUS VOUS ADOUCISSEZ. CONTINUEZ À LUI SOUHAITER CE QU'IL Y A DE MIEUX JUSQU'À CE QUE VOUS SOYEZ À L'AISE. RAPPELEZ-VOUS : CE QUE VOUS SOUHAITEZ AUX AUTRES, VOUS LE RECEVEZ EN RETOUR. VOUS Y GAGNEZ EN SÉRÉNITÉ.

Le don de paix

On ne peut pas parler d'amour et de sérénité sans finir par évoquer Dieu, notre moi supérieur, notre source, notre esprit ou notre âme. Chacun a sa définition de la Source d'amour. Ce livre est destiné à apporter ce don à tous, quelle que soit la définition qu'on en donne. Quelles que soient vos convictions, les principes de l'amour sont universels. Ils s'appliquent à tous, nations, races et religions confondues. Quiconque pratique l'amour obtiendra les mêmes résultats.

Nous avons beau être différents, nous avons tous des points communs. Chacun de nous a envie d'être heureux et en bonne santé, de se sentir aimé et de vivre pleinement. Quand ces désirs sont exaucés, pourquoi aller blesser l'autre, chercher à le dominer ou à le priver de quoi que ce soit ? Rien n'est plus facile alors que de voir que l'abondance règne dans l'univers et que chacun a droit à sa part. Plus nous donnons, plus nous avons. C'est la peur qui dissimule cette vérité.

Approfondissez votre pratique de l'amour et vous découvrirez des événements imprévus, vous ferez des rencontres inattendues et vous assisterez à des miracles. Vous verrez à quel point un peu d'amour peut changer une vie :

> Quand Karen découvrit qu'elle était enceinte, elle en fut ravie et fit son possible pour préparer Michael, son fils de trois ans, à cet heureux événement.
>
> La grossesse se passa bien, mais l'accouchement fut difficile et la petite sœur de Michael vint au monde avec de graves problèmes de santé. On la plaça dans le service des soins intensifs de l'hôpital St Mary à Knoxville, dans le Tennessee. L'état de la petite fille empira et les médecins conseillèrent aux parents de s'attendre au pire. Il ne restait guère d'espoir.
>
> Michael suppliait ses parents de le laisser voir sa sœur. « Je veux lui chanter une chanson. » Non, elle était trop malade. La deuxième semaine, son état s'aggrava encore. Michael insistait toujours. Impossible, les enfants n'étaient pas admis aux soins intensifs. Comprenant qu'il ne céderait pas, Karen décida de le conduire au chevet de sa sœur. Sinon il risquait de ne jamais la voir vivante.
>
> Le voyant arriver nageant dans une tenue stérilisée trop grande pour lui, une infirmière s'interposa.
>
> D'un naturel plutôt calme, Karen explosa : il ne partira pas tant qu'il n'aura pas chanté pour sa sœur !

Michael contempla le nourrisson, hérissé de tubes, qui perdait sa lutte pour survivre. Il se mit à chanter de sa voix pure de gamin de trois ans : « *You are my sunshine, my only sunshine, you make me happy when skies are grey*… (tu es le soleil de ma vie…) » Aussitôt le bébé réagit. Son pouls se calma, devint régulier.

« Continue, Michael. »

Michael obéit.

La respiration sifflante et malaisée devint un vrai ronronnement de chat. La petite sœur de Michael se détendit et s'endormit paisiblement.

Karen rayonnait, l'infirmière pleurait à chaudes larmes, tout le service était réuni autour du berceau. Le lendemain, la petite fille rentrait chez elle. Le magazine *Woman's Day* titra : « Le miracle de la chanson du petit frère ». L'équipe médicale parla simplement de miracle. Pour Karen, ce fut le miracle de l'amour de Dieu.

Et vous, que diriez-vous ? L'important, c'est que vous cultiviez ce miracle de l'amour dans votre vie.

Bibliographie

McMeel Andrews, *Le Zen et l'Art de tomber amoureux*, Pocket, 2006.

Senzaki, Nyogen, *Cent kôans zen*, Albin Michel, 2005.

Shah, Idries, *Les Plaisanteries de l'inimitable Mulla Nasrudin*, Le Courrier du Livre, 2005.

Contes initiatiques des soufis, Éditions du Rocher, 2004.

Tolle, Eckhart, *Quiétude : À l'écoute de sa nature essentielle*, Ariane, 2003.

Remerciements

Merci à tous pour l'affection, le soutien, la sagesse, les conseils et les encouragements qui m'ont permis d'écrire ce livre.

D'abord, merci à ma chère famille qui m'a entourée d'amour et m'a toujours soutenue – Danny, Gerry, Melissa, Abram, Joshua, Yana, Adam, Zoe, Remy, Jake, Maya, Zachary et Cassie.

Merci aussi à ma chère éditrice, Jennifer Williams, dont la passion du travail bien fait et la délicieuse personnalité ont grandement contribué à ce projet.

Que soient aussi remerciés ceux dont l'amitié, l'expérience et les conseils n'ont cessé de me guider : Eido Roshi, Robert Kennedy, S. J. Roshi, Ernie Castaldo, Larry Crane, Michael J. Creeley, Burt Dubin, Haskel Fleishaker, le rabbin Joseph Gelberman, Ed Glassing, Martin Hara, Lindsay Harrison, Gene Krackhel, Richard Schiffman, William Solomon, Bernard Starr, Fay Tabakman, Scott Young et Ralph Zeitlin.

TABLE

TROISIÈME PARTIE
L'Atelier : comment vaincre la peur

l'esprit d'ouverture

Collection dirigée par Fabrice Midal

Bashô, Issa, Shiki

L'Art du haïku. Pour une philosophie de l'instant, 2009

Tal Ben-Shahar

L'Apprentissage du bonheur. Principes, préceptes et rituels pour être heureux, 2008

L'Apprentissage de l'imperfection, 2010

Apprendre à être heureux. Cahier d'exercices et de recettes, 2010

David Burns

Bien ensemble. Comment résoudre les problèmes relationnels, 2010

Yu Dan

Le Bonheur selon Confucius. Petit manuel de sagesse universelle, 2009

David Deida

L'Urgence d'être. Zen et autres plaisirs inattendus, 2009

Norman Doidge

Les Étonnants Pouvoirs de transformation du cerveau. Guérir grâce à la neuroplasticité, 2008

Stefan Einhorn

L'Art d'être bon. Oser la gentillesse, 2008

Robert Emmons

Merci ! Quand la gratitude change nos vies, 2008

Les Fehmi et Jim Robbins

La Pleine Conscience. Guérir le corps et l'esprit par l'éveil de tous les sens, 2010

Gerd Gigerenzer

Le Génie de l'intuition. Intelligence et pouvoirs de l'inconscient, 2009

Christopher Hitchens

dieu n'est pas Grand. Comment la religion empoisonne tout, 2009

Jack Kornfield

Bouddha mode d'emploi, 2011

Satish Kumar

Tu es donc je suis. Une déclaration de dépendance, 2010

John Lane

Les Pouvoirs du silence. Retrouver la beauté, la créativité et l'harmonie, 2008

Martha Lear

Mais où sont passées mes lunettes ? Comment gérer au quotidien les petits troubles de la mémoire, 2009

Roberta Lee

Super Stress. La solution, 2011

Richard David Precht

Qui suis-je et, si je suis, combien ? Voyage en philosophie, 2010

Amour. Déconstruction d'un sentiment, 2011

Mark Rowlands

Le Philosophe et le Loup. Liberté, fraternité, leçons du monde sauvage, 2010

Adam Soboczynski

Survivre dans un monde sans pitié. De l'art de la dissimulation, 2011

Composé par Nord Compo Multimédia
7, rue de Fives, 59650 Villeneuve-d'Ascq

FSC
www.fsc.org
MIXTE
Issu de sources responsables
FSC® C003309

Cet ouvrage a été imprimé en France par

CPI
BUSSIÈRE

à Saint-Amand-Montrond (Cher)
en juin 2012

N° d'édition : 4633/02 – N° d'impression : 122136/1
Dépôt légal : octobre 2011